D1727456

WAS WÜRDE BUDDHA IM ARBEITSALLTAG TUN?

Franz Metcalf / BJ Gallagher

WAS WÜRDE BUDDHA
IM ARBEITSALLTAG TUN?

101 Lösungen für
die großen und kleinen Probleme
mit Kollegen, Chefs und Kunden

Aus dem Englischen
von Michael Schmidt

O. W. Barth

www.owbarth.de

Das Werk erschien 1999 unter dem Titel
«What Would Buddha Do at Work?»
bei Seastone, an imprint of Ulysses Press,
P.O. Box 3440, Berkeley, CA 94703, USA,
und Berrett-Koehler Publishers, Inc., 450 Sansome Street,
Suite 1200, San Francisco, CA 94111, USA

Wir widmen dieses Buch allen Menschen
in Raum und Zeit, all denen, die arbeiten, um zu leben,
und denen, die leben, um zu arbeiten.
Mögen Buddhas Worte und seine Weisheit eure Augen
erreichen, euren Geist erwecken und eure Füße
auf dem Weg leiten.

Inhalt

Teil III: Einen erleuchteten Arbeitsplatz schaffen

Vorwort

Hat Buddha Nicht-Buddhisten am Arbeitsplatz etwas zu bieten? Ich kann von ganzem Herzen Ja sagen und will gleich erklären, warum.

Als Chief Spiritual Officer von Ken Blanchard Companies ermuntere ich unsere Leute jeden Morgen mit einer allgemeinen Voicemail-Botschaft, ihr Bestes zu geben und an unseren Auftrag und unsere Werte zu denken. Die Botschaft wird sodann in unser Intranet gestellt und an alle 280 Blanchard-Partner in den USA, in Kanada und Großbritannien verteilt. Warum machen wir uns diese ganze Mühe? Weil ich glaube, dass tief in uns allen ein Stimmchen ruft: «Inspiriere mich! Hilf mir, der Mensch zu sein, der ich sein will.»

Als Christ glaube ich, dass Jesus die Wahrheit und der Weg ist. Daher suche ich meine Inspiration bei ihm, wie es in der Bibel steht. Doch wir haben in unserem Unternehmen Anhänger aller Konfessionen, ebenso Leute, die einfach nur an das Gute im Menschen glauben. Ihr Mantra ist die goldene Regel. Viele von unseren Leuten würden meine Morgenbotschaften löschen, wenn sie der Meinung wären, ich würde mich nur aus einer christlichen Sicht heraus an sie wenden. Daher suche ich nach inspirierenden Botschaften in einer Vielzahl von Quellen. So bekommen unsere Beschäftigten weise Worte von großen Propheten und geistlichen Führern wie Buddha, Mohammed, Moses, Mahatma Gandhi, Yogananda und dem Dalai Lama zu hören, aber auch von Leuten wie Nelson Mandela, Martin Luther King oder Dag Hammarskjöld. Das Wunderbare daran ist, dass diese Vielfalt die Botschaften nicht schwächt, sondern sie sogar verstärkt, weil all diesen Führern eine tiefe Überzeugung gemeinsam ist: Wahres Glück entsteht erst, wenn man nicht selbst das Zentrum des Universums ist. Und wie Jesus stimmen sie den Refrain von Freundlichkeit, Mitgefühl, Vergebung, Aufrichtigkeit, harter Arbeit, Geduld, Loyalität und Frieden an.

Als Christ habe ich aus diesem Buch Dinge erfahren, die ich zuvor nicht kannte, da ich mich bislang nicht so sehr mit östlichen Philosophien und Religionen befasst hatte. So lernte ich etwa, dass Buddha kein Gott oder Messias war, sondern ein weiser Lehrer und Psychologe. Er sagte den Menschen nicht, sie sollten ihn anbeten – er forderte sie vielmehr auf, seinem Beispiel zu folgen und nach Erleuchtung zu streben. Er wies auf den Weg hin, aber er war nicht der Weg. Es bekümmerte ihn geradezu, wenn jemand ihn anbeten wollte – es fällt den Menschen leichter, ihn anzubeten, als ihm zu folgen.

Ich habe dieses Buch mit großer Freude gelesen. Es hat mich nachdenklich gemacht, es hat mich zum Lachen gebracht, es hat mich Überlegungen anstellen lassen in Bezug auf die Art, wie ich mich an der Führung unseres Personalentwicklungsunternehmens beteilige und wie ich meine Klienten hinsichtlich ihrer Unternehmen berate. Dieses Büchlein vermittelt einem das Gefühl, Buddha als Mentor oder Coach zu haben – als jemanden, der einem bei konkreten Problemen helfen kann. Es empfiehlt einem nicht den Rückzug aus der Welt, um auf irgendeinem Berggipfel zu meditieren (auch wenn die buddhistische Meditation dazu beitragen kann, in einer Welt voller Stress in sich zu ruhen). Dieses

Buch sagt einem vielmehr, wie man engagiert zu handeln, nach den Prinzipien von Mitgefühl, rechter Lebensführung und Achtsamkeit zu leben, in jedem Augenblick präsent zu sein vermag.

Es ist reich an weisen Worten für die Menschen in großen wie kleinen Unternehmen – für Mitarbeiter wie für Abteilungsleiter, Manager und leitende Angestellte. Besonders hilfreich sind seine Lehren in Bezug auf den Umgang mit Veränderungen. Auf diese Weise unterstützen Buddhas Erkenntnisse und Erklärungen die Bemühungen um einen freundlicheren und angenehmeren Arbeitsplatz. Das fände den Beifall Jesu ebenso wie den von Moses, Mohammed und anderen großen Propheten und geistlichen Führern. Ich kann mich dem nur anschließen. Dies ist Weisheit für die ganze Welt.

Buddha weist uns den Weg und fordert uns auf, unsere Reise zur Erleuchtung anzutreten. Ich weise Sie auf dieses kleine Juwel von einem Buch hin und fordere Sie auf, Ihre Reise zu erleuchteter Arbeit anzutreten oder fortzusetzen.

Ken Blanchard

Einführung:
Mit Buddha die Arbeit betrachten

Dieses Buch ist für Menschen geschrieben, die von uralter spiritueller Weisheit profitieren wollen, indem sie sie auf die Probleme und Situationen an ihrem Arbeitsplatz anwenden. Heißt das, dass es für heutige Probleme uralte Lösungen gibt? In manchen Fällen ja. Das bedeutet aber auch, dass zeitlose Schwierigkeiten unter einem neuen Blickwinkel betrachtet werden können. Wenn Sie sich auf dieses Buch einlassen, werden Sie sehen, was wir meinen.

Die meisten Menschen, die bezahlte Arbeit außerhalb ihres Zuhauses verrichten, verbringen mehr von ihrer wachen Zeit bei der Arbeit als anderswo. Sie sehen ihre Chefs mehr als ihre Lebenspartner. Sie wenden mehr Zeit und Energie für den Umgang mit schwierigen Kollegen auf als für ihre schwierigen Kinder. Für viele Menschen ist die Arbeit an sich eine wichtige Möglichkeit, die eigene Identität zu stärken, sozialen Bedürfnissen nachzukommen, Zufriedenheit durch Leistung zu erlangen und einen Sinn im Leben zu finden.

Es dürfte daher nicht weiter überraschen, dass Berufstätige auf allen Ebenen, in allen möglichen Unternehmen ihre spirituellen Überzeugungen und Werte in ihre Arbeit einbringen oder neue Überzeugungen und Werte durch ihre Arbeit entdecken wollen. Viele Menschen betrachten den Arbeitsplatz als einen Ort, an dem sie ihre persönliche Spiritualität ausleben können – für manche ist ihr Arbeitsplatz sogar die primäre spirituelle Gemeinschaft. Wir sehen das auch so. Daher versuchen wir das Haus der Arbeit auf dem Fundament des Felsens der Weisheit zu errichten – und stehen damit vor einer überaus wichtigen Frage.

Der Buddhismus bildet zwar seit Jahrtausenden die spirituelle Grundlage für das Alltagsleben von Millionen von Menschen auf der ganzen Welt, aber wie ist es: Hat er uns – Buddhisten wie Nichtbuddhisten – in der heutigen Arbeitswelt etwas zu bieten? Wir meinen, eine ganze Menge, und das wollen wir in diesem Buch darlegen. Westliche wie östliche spirituelle Weisheit können für uns Inspiration und Anweisung sein für ein gutes, erfülltes, glückliches Leben. Wir präsentieren Ihnen die Lehren Buddhas zusammen mit unseren eigenen Anwendungen dieser Lehren, damit Sie Ihren Arbeitsalltag besser zu meistern imstande sind.

Wer war Buddha?

Buddha war ein Psychologe und ein Lehrer – er war kein Gott. Er hielt sich eher für einen Arzt, der die Medizin der Erkenntnis ausgibt – die der Einsicht in unsere menschlichen Probleme, des Einzelnen wie ganzer Gruppen. Aber er gewährt uns nicht nur Einblick in unsere Probleme, sondern lehrt uns auch, wie sie zu überwinden sind. Ausgehend von seiner eigenen Erfahrung der Erleuchtung oder Erweckung, schuf er ein Denksystem – die buddhistische Überlieferung –, das hilfreiche, praktische Antworten bietet für menschliche Situationen, mit denen wir in unserem heutigen Arbeitsleben konfrontiert werden. Der Buddhismus ist vor allem nützlich. Er hat nichts mit Luftschlössern zu tun, sondern handelt vom

Hier und Jetzt. Ihm geht es nicht um Theorie, sondern um Praxis. Er ist nicht bloß eine Denkweise, sondern eine Weise des Seins und Handelns.

Was würde Buddha tun?, fragen wir in diesem Buch – angesichts von Problemen mit Chefs, Kollegen, Kunden und anderen Menschen. Wir stellen diese Frage auch im Umgang mit uns selbst – viele Menschen sind nämlich ihre eigenen ärgsten Feinde, wenn es darum geht, Frieden und Zufriedenheit bei der Arbeit zu finden.

Buddha strebte danach, das Leiden zu lindern und Glück zu erlangen. Wer will das nicht? Buddha hatte seine Probleme mit dem Leben genau wie wir heute, und er fand den Schlüssel zu deren Bewältigung. Er bemühte sich, seine Entdeckungen anderen zu vermitteln, und wir möchten seine Lehren fortführen, indem wir sie Ihnen vermitteln.

Der Buddha in Ihnen

Dieses Buch basiert auf dem Glauben, dass Buddha nicht bloß eine historische Gestalt war, die vor rund 2500 Jahren gelebt hat. Wir meinen, dass Buddha in einem tiefen Sinn auch in jedem von uns in jedem Augenblick existiert. Buddha existiert im Buddha-Geist, er erwacht zu sich selbst, wenn in uns die Erkenntnis dämmert. Wenn wir uns fragen: Was würde Buddha tun?, bitten wir diese Erkenntnisquelle um Rat, erschließen wir das Buddha-Bewusstsein, das in uns schlummert und darauf wartet, geweckt zu werden. Wir alle haben schon Augenblicke des Erwachens erlebt, wenn jemand das Buddha-Bewusstsein aus seinem Schlaf geweckt hat – Momente, in denen wir außerhalb unseres begrenzten

Ich gelebt haben, eins mit allen Dingen waren, uns dem unendlichen Strom des Lebens hingaben. In solchen Augenblicken erfahren wir unsere wahre Natur, verbunden mit allen Lebewesen und aus dem Käfig des Ich befreit, einem Käfig, den wir in jedem Jahr unseres Lebens zu unserem Schutz verstärkt haben. Wenn wir in dieser Freiheit denken und handeln, dann handeln wir nicht bloß wie Buddha – wir werden Buddha.

Beim Schreiben dieses Buches haben wir auf eine große Fülle buddhistischer Texte aus Vergangenheit und Gegenwart zurückgegriffen. Der Dharma (die buddhistische Wahrheit, die Lehre) ist im Laufe der Jahrhunderte gewachsen, dadurch, dass buddhistische Schriftsteller und Denker ihr Buddha-Bewusstsein mit uns geteilt haben. Der Buddhismus ist eine lebendige Philosophie, die von jenen gelehrt wird, die das Erwachen in ihrem eigenen Leben suchen. Einem zeitgenössischen Haiku kommt im Prinzip ebenso große Bedeutung zu wie der heiligen Schriftrolle eines Mönchs aus fernen Tagen. Jeder Autor vergrößert den Dharma mittels seines Werkes. Bescheiden versuchen wir, dem zu entsprechen.

Dieses Buch möchte Ihnen dabei helfen, der Buddha zu sein, der Sie bereits sind, Ihre Buddha-Natur zu finden und sich von ihr während Ihres Arbeitstags leiten zu lassen. Der Buddha in Ihnen ist Ihr bester Lehrer. Wir hoffen, dass die Fragen und Antworten, die wir hier skizziert haben, dazu beitragen, diesen Buddha zum Leben zu erwecken.

Zum Gebrauch dieses Buches

Unser Buch ist in drei Hauptabschnitte gegliedert: Der erste Teil – «‹Erleuchtete› Arbeit leisten» – wendet Buddhas Weisheit auf den Einzelnen an, auf solche Dinge wie die Wahl des richtigen Lebensunterhalts, darauf, wie man ein guter Mitarbeiter wird und wie man Erfolg hat. Der zweite Teil – «Wie man die Zusammenarbeit ‹erhellt›» – konzentriert sich auf die Zusammenarbeit mit anderen Menschen: Chefs, Kollegen, Arbeitsteams, schwierigen Menschen und Kunden. Der dritte Teil – «Einen erleuchteten Arbeitsplatz schaffen» – behandelt allgemeine Themen wie Unternehmenspolitik und -verfahren, Personalprobleme, Technik, Arbeitsprozesse und organisatorische Fragen.

Wenn Buddha etwas völlig Neues für Sie ist, sollten Sie zunächst den Anhang des Buches lesen – hier finden Sie einen Überblick über Buddhas Leben und Lehren sowie weitere Quellen, aus denen Sie mehr über Buddha erfahren. Aber all das müssen Sie eigentlich gar nicht lesen: Wir haben dieses Buch so abgefasst, dass Buddhas grundlegende Lehren in die verschiedenen Kapitel eingebettet sind.

Wenn Sie ein bestimmtes Problem bei der Arbeit haben, zu dem Sie eine gewisse Anleitung wünschen, können Sie es im Inhaltsverzeichnis suchen und die Lösung direkt nachschlagen. Natürlich lässt sich in einem kleinen Buch nicht jede mögliche Situation aufführen, aber wir glauben doch, viele der Probleme abgedeckt zu haben, vor denen Sie bei Ihrer Arbeit stehen.

Wir haben für ein möglichst breites Publikum geschrieben, vom einfachen Arbeiter bis zum Abteilungsleiter, vom Manager bis zum Vorstandsvorsitzenden. Kleine und mittlere

Unternehmen sind ebenso unsere Zielgruppe wie die größten Konzerne. Viele Gedanken lassen sich sowohl auf Non-Profit- als auch auf gewinnorientierte Unternehmen anwenden. Aber natürlich sind nicht alle Lösungen für alle Leser gleichermaßen nützlich. Manche gelten eher für Manager und Unternehmer, andere für Angestellte. Doch denken Sie daran, dass die Arbeit uns alle betrifft, sodass Sie dabei gewinnen, wenn Sie Antworten lesen, die auf den ersten Blick nicht für Sie formuliert wurden. Als Manager sind Sie zugleich auch Angestellter. Wenn Sie Ratschläge für Mitarbeiter zur Kenntnis nehmen, werden Sie daran denken und an das erinnert, was Sie von Ihren Mitarbeitern verlangen. Und Angestellte streben ihrerseits zuweilen danach, Manager zu werden – was das heißt, erfahren Sie schon, wenn Sie die Antworten für Manager lesen und erkennen, wie schwer es ist, ein guter Chef zu sein.

Zwar ist Buddha nicht hier, um unsere ganz speziellen Fragen zu beantworten, aber wir haben uns nach Kräften bemüht, seine Lehren zu verstehen und sie so anzuwenden, wie er es täte, wenn er hier wäre. Einige dieser Lehren sind allgemein und philosophisch, andere wiederum gehen mehr ins Detail. Das liegt daran, dass manche Arbeitsplatzprobleme so grundlegend oder universell sind, dass wir auf grundlegende oder universelle Lösungen hinweisen können, während andere Probleme komplexer oder verwickelter sind und eher pragmatische, praktische Lösungen erfordern. Die Vielfalt der Fragen und Antworten in diesem Buch spiegelt die Vielfalt der Situationen wider, vor denen wir in den unterschiedlichsten Jobs und Unternehmen zu den unterschiedlichsten Zeiten und an den unterschiedlichsten Orten im Laufe unseres Berufslebens stehen. Unser Leben ist auf alle möglichen Antworten und Lösungen angewiesen – die einander manchmal sogar zu widersprechen scheinen –, und die buddhistische Überlieferung hat im Laufe von 2500 Jahren diese Reichhaltigkeit als Reaktion auf eine Vielfalt kultureller Bedürfnisse und Werte hervorgebracht.

Schließlich ist es wichtig, dass Sie Buddhas Lehren nicht einfach deshalb akzeptieren, weil er der Buddha war. Er hat als Erster seine Anhänger angewiesen, selbständig zu denken, seine Lehren in Frage zu stellen und sie anhand ihrer eigenen Erfahrung und ihres Verständnisses zu überprüfen. Das raten wir Ihnen auch. Überprüfen Sie die Lehren Buddhas und die dieses Buches. Ihr Weg ist einzigartig, und letztlich können nur Sie entscheiden, welcher Rat nützlich ist und welcher nicht. Indem wir Ihnen dieses Buch vorlegen, laden wir Sie ein, es als eine Art Büfett zu betrachten.

Nehmen Sie sich, was Sie möchten.

Eine Anmerkung zur sprachlichen Gleichstellung

Es ist wahr: Buddha hat in seinen Lehren und in seinem Sprachgebrauch nicht so sehr auf die Gleichstellung von Mann und Frau geachtet. Zwar hat er eine große Tat vollbracht, als er Frauen Nonnen werden ließ, doch geschah dies anscheinend eher widerwillig. Und auch wenn er zweifelsfrei glaubte, dass auch Frauen erweckt werden könnten, hat er doch in seinen Lehren stets nur männliche Beispiele angeführt. Sollen wir Buddha deshalb tadeln? Eine der zehn großen Mahayana-Vorschriften verlangt, andere nicht zu tadeln. Stattdessen behaupten wir, dass Buddha sehr viel mehr Gutes für Frauen getan hat als alle seine Zeitgenossen – vielleicht sogar mehr als unsere. Wir werden sein Werk fortsetzen, indem wir uns umso mehr um sprachliche Gleichstellung bemühen.

Franz Metcalf glaubte einmal, er könne «er» schreiben und damit auch «sie» meinen. Er machte die Erfahrung, dass Wörter zu stark sind: «er» bedeutet «er». BJ Gallagher verwendet gern den Plural «sie», weil wir doch schließlich, der buddhistischen Philosophie entsprechend, alle eins und nicht getrennt sind. Aber auch dieser Plural gibt nicht ganz korrekt wieder, dass «er» und «sie» gemeint sind. Und wir alle wissen, dass keiner von uns ein «Es» ist – was bleibt uns da also noch übrig? Wir werden in diesem Buch einfach abwechselnd «sie» und «er» verwenden. Wir vertrauen darauf, dass Buddha damit einverstanden wäre.

TEIL I

«Erleuchtete» Arbeit leisten

Den Buddha-Weg zu studieren heißt, das Selbst zu studieren.
Dogen Zenji, Genjo Koan

Das Großartige an Buddhas Lehren besteht auch darin, dass sie stets unsere Aufmerksamkeit auf uns, auf unseren Geist zurückführen. Das heißt, Sie können dem Weg des Erwachens folgen, egal, was irgendjemand um Sie herum tut. Ihr Erwachen und Ihre Entwicklung sind nicht von anderen abhängig. Dieser Gedanke mag Ihnen erschreckend erscheinen, Sie können ihn aber auch als befreiend empfinden.

Manche Menschen wollen ihren Glauben und ihre Zukunft in die Hände anderer legen:

- «Sagen Sie mir einfach, was ich tun soll, Chef, und ich werde es tun», erklären sie.
- «Leute in Führungspositionen sollen die Antworten liefern – dafür kriegen sie schließlich so viel Kohle», betonen sie.
- «Ich arbeite hier bloß – ich mach die Vorschriften nicht», wehren sie ab.

Für solche Leute kann die Erkenntnis, dass das Schicksal oder Karma einzig und allein in ihren Händen liegt, sehr beunruhigend sein. Vielen Menschen ergeht es so.

Andere fühlen sich durch Buddhas Botschaft vielleicht ungeheuer bestärkt:

- «Man holt heraus, was man hineinzustecken bereit ist», behaupten sie.
- «Wenn das Problem mir gehört, dann gehört mir auch die Lösung», sagen sie.
- «Ich erschaffe mir meine eigene Zukunft, durch mein Denken, meine Entscheidungen, meine Handlungen und meine Einstellung», versichern sie.

Für diese Menschen ist das zutiefst Persönliche am Erwachen aufregend, und seinem Weg zu folgen ist für sie äußerst befriedigend. Das sind die Glücklichen, die Bodhisattvas (Menschen, die sich auf das Erwachen konzentrieren).

Aber die meisten von uns haben doch gemischte Gefühle bei der Aussicht, erleuchtete Arbeiter zu werden, ebenso auf dem Weg dorthin. Manchmal fühlen wir uns großartig, wollen uns ernsthaft darauf einlassen und gewissenhaft damit fortfahren. In solchen Augenblicken sind auch wir Bodhisattvas. Dann wieder sind wir entmutigt, brauchen Führung, fühlen uns spirituell überfordert. Kurz, wir brauchen Hilfe.

In diesem Abschnitt wenden wir Buddhas Worte auf jede Arbeitsphase an. Vielleicht entmutigt Sie die Suche nach der richtigen Arbeit. Vielleicht sind Sie nicht sicher, ob Sie die Kräfte mobilisieren können, die Ihnen Ihre Arbeit abverlangt. Möglicherweise suchen Sie neue Lösungen für alte Probleme. Oder Sie wollen einfach nur eine Bestätigung des bereits Geleisteten. Ihre eigene Buddha-Natur könnte schon ganz wach sein. Welches Interesse oder Bedürfnis Sie auch immer haben – Buddhas Beispiel und Lehre können Ihnen helfen, Ihr spirituelles Leben in Ihre Arbeit einzubringen und diese zum Leben zu erwecken.

Bei Fragen dieser Art greift Buddha oft auf zwei fundamentale Lehren zurück. Erstens: Niemand ist unzulänglich. Jeder von uns trägt die Buddha-Natur in sich. Zweitens: Wir haben immer eine Wahl. Wach zu sein ist stets eine Möglichkeit. Ob wir achtsam oder achtlos sind – das entscheiden allein wir.

SICH FÜR EINE ERLEUCHTETE ARBEIT ENTSCHEIDEN

Für den richtigen Lebensunterhalt sorgen

Was würde Buddha über die Vorteile erleuchteter Arbeit sagen?

*Da nichts zu erreichen ist, lebt der Bodhisattva
gemäß der Vollkommenheit der Weisheit,
ohne Einschränkung im Geist –
ohne Einschränkung und daher ohne Furcht.*
«Herz-Sutra»

Welches sind die Vorteile von erleuchteter Arbeit? Buddha würde einfach sagen, dies seien die Vorteile von Erleuchtung, denn erleuchtete Arbeit bringt dem Arbeitsplatz Erleuchtung. Also lautet die Frage: Erleuchtung – was ist das?

Der erste Mensch, der Buddha erblickte, nachdem er erleuchtet worden war, fragte: «Wer bist du?» Buddha erwiderte: «Ich bin erwacht.» Erleuchtung bedeutet, für den Augenblick und die Welt erwacht zu sein.

Dieses Erwachen, diese Erleuchtung ist das Ziel des Buddhismus und sollte auch das Ziel der Arbeit sein. Erleuchtete Arbeit also lässt den Arbeitsplatz und die Welt erwachen. Das *Herz-Sutra* beschreibt zwar spirituelle Praktiken, aber es könnte genauso gut Arbeitspraktiken schildern. Es geht darum, da zu sein, bei der Arbeit oder zu Hause, ohne Einschränkung und ohne Furcht.

«Was kommt zuerst», könnten Sie fragen, «Erleuchtung oder erleuchtete Arbeit?» Nun, wo sind Sie gerade? Erledigen Sie die Arbeit des Augenblicks. Tun Sie einen ersten Schritt. Gewiss, der erste Schritt ist nicht die ganze Reise – und eine erste Antwort kein ganzes Buch.

Was würde Buddha tun, um für sich eine Vision und eine Mission zu entwickeln?

Lebewesen sind zahllos; ich gelobe, sie zu schützen.
Begierden sind unerschöpflich; ich gelobe, sie aufzugeben.
Dharma-Tore sind unzählig; ich gelobe, durch sie einzutreten.
Der Buddha-Weg ist unübertrefflich;
ich gelobe, ihn zu verwirklichen.
Die Vier Großen Mahayana-Gelübde

Fast alle Unternehmen formulieren ihr Selbstverständnis, ihre Mission, und manche auch ihre Vision.

Führungspersönlichkeiten wissen, wie wichtig es ist, solche Dinge schriftlich festzuhalten, als Kompass für unsere Werte und Prioritäten und um zu verhindern, dass wir im Unternehmensalltag den Überblick verlieren. Unternehmen, die auf Dauer angelegt sind, operieren gemäß einer Hand voll von Schlüsselwerten, -prinzipien oder -überzeugungen, die sie bei allem, was sie tun, leiten: Politik, Ziele, Personalfragen, Ausbildung, Marketing, Ausgaben und andere Aspekte des Arbeitslebens.

Auch erfolgreiche Menschen formulieren ihre persönliche Mission oder das Credo, wonach sie ihr Leben ausrichten. Millionen praktizierender Buddhisten legen jeden Tag die Vier Großen Gelübde ab, um sich an ihre Verpflichtungen zu erinnern: die Verpflichtung, alle Lebensformen zu respektieren; die Verpflichtung, sich von der Tyrannei endloser Begierden zu befreien; die Verpflichtung, fortwährend zu studieren und zu lernen; die Verpflichtung, ihre Buddha-Natur auf jede

Weise in ihr Leben einzubringen. Je schöner das Ziel ist, desto geringer ist natürlich die Chance, es zu erreichen. Egal – wir verpflichten uns dazu, es zu versuchen. Verkaufen Sie sich nicht unter Wert. Worin besteht Ihre Vision oder Mission? Sie können dafür sorgen, dass Ihre Vision nicht von Ihrer Arbeit zu trennen ist. Das kann für die Formulierung Ihrer persönlichen Mission von zentraler Bedeutung sein.

Wie würde Buddha es anstellen, die richtige Karriere oder Arbeit zu wählen?

Ein Vogelfänger sagte zum Lehrer:
«Alle in meiner Familie sind Vogelfänger gewesen.
Wenn wir damit aufhören, verhungern wir.
Kann ich, wenn ich diese (schlimme) Arbeit mache,
dennoch die Buddhaschaft erlangen?»
Der Lehrer erwiderte: «Der Geist fährt zur Hölle,
nicht der Körper. Wenn du also einen Vogel tötest,
nimm deinen Geist und töte ihn auch.
Wenn du das tust, kannst du die Buddhaschaft erlangen.»
Zen-Meister Bankei

Fast jeder hat sich irgendwann die Frage gestellt: «Wie finde ich die richtige Arbeit, eine Beschäftigung, die mich erfüllt und glücklich macht?» Wenn Sie aus den Lehren Buddhas lernen wollen, ist diese Frage besonders wichtig, denn zum Kernstück des Buddhismus, dem Achtfachen Pfad, gehört der richtige Lebensunterhalt. Vereinfacht gesagt: eine Arbeit zu tun, die allen Lebewesen hilft, statt zu schaden. Als Buddha die Arbeit ins spirituelle Leben einbrachte, da brachte er die Spiritualität ins Arbeitsleben ein. Der richtige Lebensunterhalt – das heißt, bei der Arbeit Buddha zu sein.

Für viele Menschen ist das ein ernsthaftes Problem. Wenn Sie nun für ein Unternehmen arbeiten, das Instrumente herstellt, die der Vernichtung dienen? Wenn Sie für eine Organisation arbeiten, deren Ziele nicht mit Ihren eigenen Werten übereinstimmen? Können Sie dann immer noch erleuchtete

Arbeit verrichten? Können Sie noch immer nach dem richtigen Lebensunterhalt streben?

Buddhas Antwort ist sehr interessant. Er sagte, dass wir uns größte Mühe geben sollten, niemals anderen Lebewesen zu schaden – und doch sind für den Zen-Meister Bankei Erleuchtung und Vogelfang miteinander vereinbar. Wie das? In erster Linie kommt es offenbar nicht auf das an, was Ihr Körper tut, sondern auf Ihren Geist. Natürlich sind Geist und Körper aufs Engste miteinander verbunden, und im Alltagsleben folgt der eine gewöhnlich dem anderen. Aber das muss nicht so sein. Es ist möglich, dass sich der Körper mit einer Tätigkeit befasst und der Geist sich auf etwas anderes konzentriert. Dem Vogelfänger wird empfohlen, den Vogel zu töten, wenn er es absolut muss (es wird akzeptiert, dass Menschen von etwas leben müssen), während er den Geist nicht auf das Töten des Vogels richtet (was der falsche Lebensunterhalt wäre), sondern auf das Töten des Geistes, das heißt, auf das Abtöten von Verlangen und Bindung. Eine kreative Lösung, die die Macht unserer Umwelt über uns anerkennt. Es kommt vor, dass wir Schaden verursachen, ohne es im Sinn zu haben.

Natürlich würde Buddha dies nie als eine langfristige Lösung akzeptieren. Er würde den Vogelfänger ermutigen, sich einen anderen Beruf zu suchen, wenn er kann. Vogelfangen ist einfach nicht der richtige Lebensunterhalt. Aber vielleicht haben Sie einstweilen keine andere Wahl. Sie müssen sich und Ihre Familie ernähren, und das heißt, dass Sie Ihren Lebensunterhalt mit einem Kompromiss verdienen müssen. Sie müssen einfach viel härter arbeiten, um Ihren Geist rein zu halten, bis Sie eine Arbeit finden, die wirklich der richtige Lebensunterhalt ist.

Sie können nach Erleuchtung streben, egal, welche Arbeit Sie haben, und oft können Sie Ihre langweilige oder unbefriedigende Arbeit in eine erleuchtete Arbeit umwandeln, indem Sie anders über Ihre Arbeit denken, indem Sie Ihren Geist verändern. Sie können bei der Müllabfuhr sein, im Geist der Liebe und des Dienens, und sich auf dem Weg zur Buddhaschaft befinden. Zweifellos ist die Müllabfuhr der richtige Lebensunterhalt, während eine kreative und hoch bezahlte Position auf einem Gebiet, auf dem Korruption und Gier herrschen, dies nicht ist. Ganz gleich, welche Arbeit Sie haben – fangen Sie dort an: Nehmen Sie die richtige Geisteshaltung ein, und tun Sie diesen ersten Schritt auf dem Weg. Gewiss, der Weg kann Sie dahin führen, dass Sie Ihren Beruf wechseln, aber Buddha verlangt nicht, dass Sie sich dabei schaden. Am Ende wird Ihnen nur ein Beruf, der hilft, wahre Erfüllung bringen.

Was würde Buddha über Bindung und Verlangen bei der Arbeit sagen?

Drum alles Lieben meide man:
Wenn Liebes geht, fängt Leiden an,
Die Fesseln allesamt zerbricht,
Wer lieb nicht kennt und unlieb nicht.
Dhammapada 211

Es ist vielleicht die zentrale Lehre des Buddhismus, dass Bindung die Wurzel allen Leidens ist. Wenn uns eine Sache etwas bedeutet, wenn wir sie sehr lieben, werden wir leiden, wenn wir uns davon trennen müssen. Es ist nicht weise, eine Arbeit zu sehr zu lieben, an einem Unternehmen zu sehr zu hängen oder sich allzu sehr an eine bestimmte Arbeit oder Karriere zu binden. Denn wenn Sie sie nicht bekommen können oder wenn Sie sie bekommen und dann verlieren, werden Sie sehr leiden.

Das Gleiche gilt, wenn man sich darauf festlegt, bestimmte Dinge bei der Arbeit nicht haben zu wollen. Wenn mir etwas unangenehm ist, werde ich alles tun, um es zu vermeiden oder wieder loszuwerden, wenn ich es nicht vermeiden kann. Dabei mag es sich um einen Menschen handeln, mit dem ich nicht arbeiten will, um eine Aufgabe, die ich nicht gern erledige, eine Verantwortung, die ich nicht übernehmen will, einen Chef, den ich verabscheue, oder sonst etwas, das mir widerstrebt. Ich werde sehr leiden, je nachdem, wie stark ich mich darauf festlege, gewisse Dinge oder Menschen in meinem Arbeitsleben nicht haben zu wollen.

Buddhas Weg bietet mir die Freiheit, bei der Arbeit oder auch sonst nicht zu leiden. Ich muss nur erwachen, bemerken, dass Dinge in meinem Leben kommen und gehen, und darauf achten, mich an keins davon zu binden. Gute Dinge kommen in mein Arbeitsleben, und gute Dinge gehen wieder. Schlechte Dinge kommen in mein Arbeitsleben, und schlechte Dinge gehen wieder. Das ist das Geheimnis: Alles in meinem Arbeitsleben ist vorübergehend – es wird sich ändern, es wird vergehen. Suchen Sie Ihre Freiheit darin, und denken Sie daran, dass es nirgends heißt, Sie könnten diese Veränderung nicht selbst herbeiführen. Diese Freiheit zu finden ist nicht leicht – die Gesellschaft hält uns ständig davon ab. Aber Buddha fand sie, und Sie können das auch.

Was würde Buddha tun, um ein hervorragender Mitarbeiter zu werden?

Knechte und Diener nehmen sich auf fünffache Weise
des Herrn an: Vor ihm erheben sie sich,
und nach ihm legen sie sich nieder,
nur Gegebenes nehmen sie, verrichten tüchtig ihre Arbeit,
bringen ihn zu rühmlichem Ansehn.
Digha-Nikaya 31

Wenn Sie sich fragen, wie Sie sich beim Chef beliebt machen und ein fabelhafter Arbeitnehmer sein können, dann hat Buddha für Sie einige weise Worte parat. Kehren Sie zum Wesentlichen zurück. Vergessen Sie das Einschmeicheln – das beeindruckt niemanden. Um ein hervorragender Mitarbeiter zu sein, sollten Sie vor allem hervorragende Arbeit leisten. Hier sind fünf Vorschläge:

1. Stehen Sie vor Ihrem Chef auf, und fangen Sie vor ihm an zu arbeiten. Es kann nie schaden, ein wenig früher zur Arbeit zu gehen – Sie werden Ihren Tag ruhig und konzentriert beginnen, und wenn Ihr Chef kommt, läuft alles wie geschmiert.

2. Hören Sie nach Ihrem Chef zu arbeiten auf: Wenn Sie bereit sind, ein wenig länger zu bleiben, um eine Arbeit abzuschließen oder einem Kollegen zu helfen, können Sie Ihrem Chef zeigen, dass Sie «einen draufsetzen» wollen. Und diese ruhigere Zeit ist oft die produktivste am ganzen Tag.

3. Nehmen Sie von Ihrem Arbeitgeber nur, was Ihnen

gegeben wird. Es mag Ihnen harmlos vorkommen, diesen Bleistift oder jenen Schraubenschlüssel oder sonst eine Kleinigkeit mit nach Hause zu nehmen, aber eigentlich ist das Diebstahl – der erste Schritt bergab. Das machen vielleicht alle, aber Sie wollen doch nicht einfach wie alle sein, oder? Geht es hier nicht genau darum?

4. Bemühen Sie sich, gute Arbeit zu leisten. Das mag Ihnen selbstverständlich erscheinen, aber Sie wären überrascht, wenn Sie wüssten, wie viele Menschen gerade genug tun, um ihr Auskommen zu haben, und sich dann darüber wundern, dass sie in ihrem Beruf nicht vorankommen. Verschwenden Sie keine Mühe auf Intrigen oder Tagträumereien – Buddha gab sich stets konzentriert Mühe. Kurz: Leisten Sie vor allem hervorragende Arbeit!

5. Achten Sie den Namen Ihres Arbeitgebers. Für viele Menschen, mit denen Sie zusammenkommen, sind Sie Ihr Unternehmen; ob Sie gerade im Dienst sind oder nicht: Sprechen Sie gut über Ihren Arbeitgeber, und vertreten Sie ihn gut in der Gemeinschaft – es wird sich für Sie auf überraschende Weise auszahlen. Wenn Ihnen an Ihrem Unternehmen etwas liegt, achten Sie seinen Namen.

Was gehört dazu, ein guter Arbeitnehmer zu sein? Diese Liste lässt sich natürlich noch verlängern, aber Buddha macht es einfach: Fangen Sie mit dem Wesentlichen an. Es kann nur aufwärts gehen.

Was würde Buddha tun, um das Selbst-
wertgefühl von Mitarbeitern zu stärken?

Kein Sturmwind bringt den festen Wall
Des Felsgebirges je zu Fall;
So bringt auch Lob und Tadel nicht
Die Weisen aus dem Gleichgewicht.

Dhammapada 81

Vielleicht haben Sie gehört, dass Buddha die Existenz des Ich geleugnet habe. Halten wir fest: Buddha hat nie bestritten, dass wir die Welt und unser Leben durch ein Ich erfahren. Dieses Ich zählt und bedarf der Aufmerksamkeit. Was Buddha leugnete, war die Dauerhaftigkeit dieses Ich: Es ist nicht ewig. Unser Ich kommt und vergeht – ja, sogar während es existiert, existiert es nur in Beziehung zu anderen.

Buddha respektiert das Bedürfnis nach Selbstwertgefühl. Das Ich in dieser Welt muss positiv von sich denken. Er warnt Sie davor, sich von der Meinung, die andere Menschen von Ihnen oder Ihrer Arbeit haben, beeinflussen zu lassen. Sie wissen, wann Sie Ihr Bestes getan haben, und Sie können Ihre Handlungen am besten beurteilen. Verzichten Sie nicht auf Ihr Selbstvertrauen, indem Sie andere darüber entscheiden lassen, ob Sie gut oder schlecht von sich denken. Wenn Sie Ihr Selbstwertgefühl vom Lob oder von der Kritik anderer beeinflussen lassen, werden Sie immer der Sklave der öffentlichen Meinung sein. In gewissem Sinne geht das, was andere von Ihnen denken, Sie nichts an. Kümmert es den Felsen, was der Wind von ihm hält? Ein Felsen macht einfach so weiter wie immer.

Es ist eine Binsenweisheit, dass Menschen, die mit sich zufrieden sind, gute Ergebnisse liefern. Es stimmt auch, dass Menschen, die gute Ergebnisse liefern, mit sich zufrieden sind. Was also ist zuerst da – das Selbstwertgefühl oder die guten Ergebnisse?

Buddha würde sagen, es spiele keine Rolle, was zuerst da ist. Wenn Sie mit sich zufrieden sind, liefern Sie aller Wahrscheinlichkeit nach schon gute Ergebnisse. Wenn Sie nicht mit sich zufrieden sind, versuchen Sie, gute Ergebnisse zu liefern, und dabei stellen Sie fest, wie sich Ihr Selbstwertgefühl hebt. Statt der heute so oft zitierten «Kraft des positiven Denkens» betont der Buddhismus die «Kraft des positiven Tuns». Handeln Sie, und stellen Sie fest, wie sich Ihre Stimmung bessert, manchmal sogar im Nu. Handeln vertreibt die Angst. Es hebt auch das Selbstwertgefühl und kann sogar eine Depression aufhellen. Wenn es mit Ihrem Selbstwertgefühl also nicht so weit her ist, setzen Sie Ihren Hintern in Bewegung. Wir wissen zwar nicht, ob Buddha es so ausdrücken würde, aber er würde es denken.

Was würde Buddha hinsichtlich der Weiterbildung empfehlen?

Allmählich läutre Stück für Stück
Der Weise jeden Augenblick
Von Fehlern sich, gleichwie der Schmied
Das Silber reinigt vom Oxid.
Dhammapada 239

Den Weg des Erwachens zu gehen heißt, Fortschritte zu machen, nicht nach Vollkommenheit zu streben. Buddha könnte der spirituelle Vater von Edward Deming gewesen sein, weil er das Evangelium der ständigen Verbesserung predigt. Deming konzentrierte seine ganze Aufmerksamkeit auf die Verbesserung von Arbeitsprozessen, Buddha die seine auf die Verbesserung von Menschen. Aber beide wären sich darin einig, dass die Verbesserung nie aufhört.

Anhand des obigen Zitats werden Sie feststellen, dass Buddha lehrt, jeder Einzelne sei für seine eigene Verbesserung verantwortlich. Es ist nicht die Aufgabe Ihres Chefs, Sie zu einem besseren Arbeiter und zu einem besseren Menschen zu machen. Das ist Ihre Aufgabe. Ihr Chef und andere Lehrer können Ihnen dabei helfen, indem sie Ihnen Anweisungen geben, Training und Feedback vermitteln, aber Sie sind dafür verantwortlich, sich ständig zu verbessern.

Nur ein Narr ignoriert seine Verantwortung und ruft: «Ich bin, was ich bin.» Er hat seinen Charakter als sein Schicksal akzeptiert. Der Weise hingegen sagt: «Ich kann mich verändern; ich kann mich verbessern; ich kann mich zu allem entwickeln, was ich sein will, wenn ich bereit bin zu arbeiten. Ich kann dem Weg folgen und erwachen.» Die Buddhisten sagen, unser Leben sei rar und kostbar – nutzen Sie es gut.

Was würde Buddha tun,
um konzentriert zu bleiben?

Dem Fische gleich, den man entriss
Dem Wasser und aufs Trockne schmiss …
Den leichten Geist, den schwer man hält,
Der schweift, wohin es ihm gefällt,
Zu bändigen ist preisenswert,
Weil seine Zähmung Glück beschert.
Dhammapada 34 f.

Buddha war kein Psychiater oder Psychologe, aber er verstand die menschliche Natur. Wir können das Bild komisch finden, mit dem er den menschlichen Geist beschreibt – ein Fisch auf dem Trockenen, der schwer zu fassen ist und richtungslos hierhin und dorthin zappelt. Wir können es auch ein wenig erschreckend finden, denn die Zukunft dieses Fisches ist nicht positiv. Manche Menschen sprechen vom «äffischen Geist», der stets sprunghaft und geschwätzig ist. Andere reden von Konzentrationsschwäche. Wie auch immer man dies nennt – wir alle haben das mehr oder weniger an uns.

Wenn wir also nur eine kurze Aufmerksamkeitsspanne besitzen und leicht abzulenken sind, was können wir dann tun, um uns zu konzentrieren? Buddha empfiehlt uns, unseren Geist zu trainieren, insbesondere durch Meditation und andere Formen der spirituellen Disziplin. Ein trainierter Geist ist gut, weil er dafür sorgt, dass wir uns auf die wichtigen Dinge konzentrieren. Ein trainierter Geist sorgt für

Ruhe, weil er frei ist. Wir empfinden nicht mehr die Angst des äffischen Geistes mit seinem endlosen Geschwätz oder die des Fischgeistes, der nach Luft schnappt und sich ins Meer zurücksehnt.

Betreiben Sie also eine spirituelle Übung, um Ihren Geist zu trainieren. Ob das eine Kampfsportart wie Aikido, eine Meditationsübung, eine Yoga-Disziplin wie Hatha-Yoga, eine Andachtsübung wie das Rezitieren heiliger Schriften und Gebete oder sonst etwas ist, ist nicht wichtig -- absolvieren Sie irgendeine Übung. Die Übung trainiert den Geist, und ein trainierter Geist ist etwas Gutes. Am besten schauen Sie sich um und suchen sich etwas aus, das Ihnen gefällt. Wenn Sie so trainieren, wie Sie es mögen, tun Sie einfach mehr.

Im Rahmen dieses Buches können wir zwar nicht Ihren Geist für Sie trainieren, aber hier ist ein Vorschlag für Anfänger: Wenn Sie sich abgelenkt, zornig oder schläfrig fühlen, akzeptieren Sie es – verleugnen Sie es nicht. Damit beginnt das Training – reagieren Sie auf das Negative mit dem Positiven. Nun verstärken Sie das Positive, indem Sie den Geist auf das Atmen zurückführen. Hören Sie auf, sich zu bewegen; entspannen Sie sich. Holen Sie tief Atem. Denken Sie nicht – spüren Sie einfach den Atem. Versuchen Sie nicht, auf irgendeine besondere Weise zu atmen, atmen Sie ganz natürlich, und lassen Sie Ihren Geist in diesem Atmen ruhen. Sie können Ihre Atemzüge zählen, wenn Ihnen das hilft. Zählen Sie bis zehn. Lassen Sie all die unzähligen Dinge ruhen. Kehren Sie nun zum Augenblick zurück. Sie haben sich darauf trainiert, Stärke angesichts der Ablenkung zu finden. Nehmen Sie nun die Kraft dieser Konzentration auf den Atem, und übertragen Sie sie auf Ihre Aufgabe.

PRAKTISCHE ERLEUCHTUNG

Holz hacken, Wasser tragen

Wie würde Buddha Prioritäten setzen?

Der weise Mensch, der eilt, wenn es Zeit zur Eile ist,
und der sein Tempo verlangsamt, wenn Langsamkeit gefragt ist,
der ist zutiefst glücklich, weil er weiß,
was vordringlich ist.
Theragatha 161

Peter Drucker, der Großvater der heutigen Management-berater und Unternehmensstrategen, hat einmal gesagt, der moderne Manager wisse, dass zehn Dinge getan werden müssen, habe aber nur Zeit für sechs. Er muss die richtigen sechs auswählen, abends nach Hause gehen und sich keine Sorgen machen wegen der vier, auf die er zu verzichten gezwungen war.

Buddha würde sagen, Druckers Feststellung lasse sich auf alles, nicht nur aufs Management, anwenden. Wir arbeiten im Zeitraffer und haben viele Anforderungen zu bewältigen. Die Aufgabe lautet nicht, mehr Zeit zu finden, sondern vielmehr, das Bestmögliche aus der Zeit zu machen, die wir haben. Die wahre Herausforderung ist das effiziente Setzen von Prioritäten.

Jeder von uns muss sich für das entscheiden, was am wichtigsten für sein Glück und für seinen Erfolg ist, im Leben wie bei der Arbeit. Sobald wir unsere Entscheidungen getroffen haben, leitet sich unser tägliches Handeln von diesen Entscheidungen ab. Statt wie wild herumzurennen und alles wie einen Notfall zu behandeln, beeilen wir uns, wenn es angebracht ist – und werden langsamer, wenn es angebracht ist. Das ist schwerer, als es klingt. Wir treffen unterschiedliche Entscheidungen und haben ein unterschiedliches Verständnis von diesen unterschiedlichen Geschwindigkeitsformen. Wir brauchen beide bei der erleuchteten Arbeit.

Was würde Buddha hinsichtlich des Zeitmanagements tun?

Yunmen wandte sich an seine Mönche und sagte:
«Ich erkundige mich nicht vor dem 15. des Monats danach –
erzählt mir davon nach dem 15.»
Niemand sagte etwas, also gab er selbst die Antwort:
«Jeder Tag ist ein guter Tag.»
«Aufzeichnungen des Meisters vom Blauen Felsen» 6

Der Zen-Meister Yunmen fragt seine Schüler nicht nach der Vergangenheit – er weiß, die Vergangenheit ist vergangen, und niemand kann etwas daran ändern. Er fragt aber auch nicht nach der Zukunft, weil er weiß, dass niemand die Zukunft vorhersagen kann. Er stellt seine Schüler auf die Probe, um zu sehen, ob sie sich unnütze Gedanken über die Zeit, über die Vergangenheit oder die Zukunft machen. Besorgt und verwirrt antworten die Mönche nicht.

Vielleicht können wir das besser machen. Yunmen versucht ihnen (und uns) beizubringen, dass es sinnlos ist, seine Energie darauf zu verschwenden, die Vergangenheit zu beklagen oder sich Sorgen wegen der Zukunft zu machen, da wir doch beide nicht im Griff haben. Es ist sinnlos, unsere Jahre und Tage aufzuteilen und zu leben, als wären wir Kalender.

Aus einer reinen Zen-Perspektive gibt es weder Zukunft noch Vergangenheit. Wir sind eher wie Uhren. Wir wissen, wie spät es ist, wenn es geschieht. Unsere Zeiger weisen stets auf das JETZT. Es gibt weder einen 15. noch einen Tag davor oder danach. Eigentlich müssen wir uns nur mit dem Heute beschäftigen, und heute ist ein guter Tag.

Wenn Buddha uns einen «guten Tag» wünscht, macht er nicht Konversation – er meint es so. Dies ist der Kern eines effektiven Zeitmanagements.

Was würde Buddha gegen das Zaudern tun?

«Es ist zu kalt, zu heiß, zu spät.»
Mit solchen Ausreden
Drücken sich die Menschen vor ihrer Arbeit,
Und der Augenblick geht an ihnen vorbei.
Theragatha 3,5

Wer von uns hat nicht schon einmal gezaudert? Das Zaudern ist so verführerisch und scheint so harmlos, wenn wir ihm nachgeben. «Ach, ich widme mich diesem Projekt später. Jetzt habe ich keine Zeit dafür.» – «Wer kann schon bei dieser Hitze arbeiten?» Hm, natürlich. Solche Entschuldigungen können sogar ein Körnchen Wahrheit enthalten. Leider schließt sich nur zu oft das Fenster der Gelegenheit, und wir können uns sonst wohin treten (oder jemand anders tut es), weil wir unsere Chance verpasst haben.

Der weise Mensch kennt die Gefahren des Zauderns und widersteht dem Sirenengesang, der ihn verlockt, etwas auf morgen zu verschieben. Verschieben Sie etwas, und sei es auch nur einmal, und schon entwickeln Sie ein Verhaltensmuster. Wenn andere es aus Trägheit akzeptieren, erschaffen Sie eine ganze Kultur des Zauderns. Ihr Team hinkt hinterher. Der weise Mensch tut die Dinge JETZT, denn der Augenblick zählt. Wenn wir im Augenblick achtsam handeln, halten wir den Vorsprung und können die Bedingungen festlegen – wir fließen mit dem Tao. Hätte Buddha Lateinisch gesprochen, hätte er sicher gesagt: *«Carpe diem!»*

Was würde Buddha über gute Ideen bei der Arbeit sagen?

Spricht er nicht lauter, können andere ihn nicht verstehen;
er ist ein Weiser unter lauter Narren.
Anguttara-Nikaya 2,51

Buddha sagt, es sei schrecklich, seinen Geist zu verschwenden. Wenn Sie eine gute Idee haben, dann teilen Sie sie lieber mit, als sie für sich zu behalten. Wenn Sie es nicht tun, sind Sie bloß ein Narr unter Narren. Niemand kennt Ihre Weisheit.

Oder wie der ehemalige Vizepräsident Dan Quayle so schön sagte: «Was für eine Verschwendung, den Verstand zu verlieren. Oder keinen Verstand zu haben – auch sehr verschwenderisch.» Der Buddha-Geist ist in uns allen (sogar in Mr. Quayle). Wir glauben, er hat ihn hier bewiesen, denn sicher meinte er, es sei eine schreckliche Verschwendung, seine Weisheit unter lauter Narren zu verlieren. Bewahren Sie Ihre Geistesgegenwart. Wir alle müssen lauter sprechen, sogar Vizepräsidenten.

Wie, Sie beschweren sich darüber, dass man Sie nicht für Ihre großartigen Ideen bezahlt? Für gute Vorschläge gibt es keine Belohnung? Unsinn, sagt Buddha. Sie sehen das zu eng. Sie haben vielleicht schon mal gehört, dass die Tugend ihren Lohn in sich trägt – nun, das gilt auch fürs Erwachen. Bonusse sind schön, Beförderungen sind schön, aber das Erwachen ist schöner.

Was würde Buddha über das Einhalten von Verpflichtungen sagen?

Es gleicht der Blume, der es nicht
An Farbenglanz und Duft gebricht,
Das gute Wort, das einer lehrt
Und selbst befolgt: Sein Wort hat Wert.
Dhammapada 52

Wie so viele spirituelle Lehrer bedient sich auch Buddha einprägsamer Metaphern. Hier ist eine Blume bunt, duftet aber nicht. Etwas Wichtiges fehlt, genauso wie etwas Wichtiges bei einem Versprechen fehlt, das nicht gehalten wird. Das ist eine einfache Antwort und für die Arbeit von ebenso grundlegender Bedeutung wie für das spirituelle Leben.

Haben Sie nicht auch schon mal eine herrliche Blüte an einer Pflanze erblickt und eifrig daran gerochen, um ihren Duft zu genießen, nur um dann enttäuscht zu sein, wenn sie nach nichts riecht? Die Blüte ist zwar noch immer schön fürs Auge, doch zum vollen Sinnengenuss fehlt etwas.

Aber eine solche Enttäuschung ist nicht zu vergleichen mit der Frustration, die wir empfinden, wenn sich jemand uns gegenüber zu etwas verpflichtet und sich dann nicht daran hält.

Worte sind hohl, das Gerede ist billig, und Versprechen werden nicht ernst genommen, wenn schönen Worten keine Taten folgen. Worte können noch so schön sein, wenn sie nicht verpflichtend sind, sind sie unfruchtbar.

Buddha lebte in der realen Welt. Er sagt, haltet eure Versprechen, achtet eure Verpflichtungen und lasst die Frucht guter Beziehungen zu anderen reifen, bei der Arbeit und zu Hause.

Was würde Buddha von der Behauptung halten: «Der Zweck heiligt die Mittel»?

Nicht ungerechtes Wohlsein man begehre,
So steht man fest in Weisheit, Zucht und Leere.
Dhammapada 84

Buddha weiß, dass der Ausspruch «Der Zweck heiligt die Mittel» nur eine Rationalisierung ist. Und Rationalisierung ist nur ein beschönigendes Wort für die Lügen, die aus der unglaublichen Kreativität unseres äffischen Geistes hervorgehen, wenn er Intrigen spinnt, damit wir Dinge bekommen, die wir begehren, ohne dass unser Selbstwertgefühl leidet. Um die Rationalisierungen aufrechtzuerhalten, täuschen wir uns selbst mit faulen Rechtfertigungen. Buddha tadelt das. Die Ergebnisse, die wir bei der Arbeit erzielen, sind wichtig, aber auch die Art und Weise, wie wir sie erzielen, ist wichtig. Wie edel unser Zweck, wie hehr unser Ziel auch sein mag – wenn wir lügen, betrügen oder stehlen, um dieses Ziel zu erreichen, haben wir im Grunde unsere Seele um des Erfolges willen verkauft.

Wie können Sie wissen, ob Sie unrechte Mittel anwenden, um etwas zu erreichen? Um nichts anderes geht es beim Erwachen. Wenn Sie sich in jedem Augenblick dessen bewusst sind, was Sie tun, wird Sie Ihr innerer moralischer Kompass warnen, wenn Sie im Begriff sind, Ihre eigene Integrität zu verletzen. Fühlen Sie sich wohl, wenn Sie Ihre Handlungen Ihren Kollegen, Ihren Freunden, Ihrem Lebensgefährten, Ihrem Kind beschreiben? Ihre Buddha-Natur fühlt sich immer wohl. Wenn nicht, dann haben Sie sich von Ihrer Buddha-Natur abgewandt. Stattdessen sollten Sie sich von Handlungen abwenden, die Sie zum Rationalisieren zwingen.

Die Ziele sind genauso wichtig wie die Mittel. Aber wenn Sie gute Ziele nicht durch gute Mittel erreichen können, verzichten Sie besser auf die Ziele. Kein Geld, kein Status oder Ziel sind den Preis Ihres eigenen guten Karmas wert, nicht einmal Ziele um anderer willen. Gute Menschen wollen keine unreinen Opfer.

Wie würde Buddha
mit Firmeneigentum umgehen?

Während ich dieses Auto vorsichtig, achtsam einparke,
Gelobe ich, allen Menschen zu ihrer Ruhestätte zu verhelfen.
Tassajara-Zen-Mountain-Center-Gatha

Buddhismus ist eine Lebensweise. Dabei geht es darum, achtsam zu sein, so voll bewusst zu sein, wie Sie können, in jedem Augenblick, wenn Sie gewöhnliche Dinge tun. Einen Dienstwagen fahren, das Diensttelefon benutzen, in der Kantine des Unternehmens essen, an Unternehmensschreibtischen auf Unternehmensstühlen sitzen, Bleistifte, Computer, Uhren, Maschinen und Geräte benutzen, die dem Unternehmen gehören – nichts ist zu trivial oder unbedeutend, wenn Sie auf dem Buddha-Weg sind.

Wie also soll ich Firmeneigentum behandeln? Nun, was ist denn eigentlich der Unterschied zwischen Firmeneigentum und meinem eigenen? Beide hängen so eng miteinander zusammen, dass es letztlich keinen Unterschied gibt. Und sie unterscheiden sich auch nicht von der übrigen Welt. Jedes Auto kann dem Mittleren Weg folgen. Jeder Bleistift kann ein Sutra schreiben. Jeder Stuhl und jeder Hintern darauf ist Buddha. Ich gelobe, ihm zur Ruhe zu verhelfen.

ERFOLG & GELDVERDIENEN

Mantra oder Mammon?

Was würde Buddha empfehlen, damit Sie «sich nicht in die Karten schauen lassen»?

Reihern, Katzen und Einbrechern
Gelingt, was sie sich vornehmen,
Indem sie sich still und vorsichtig bewegen.
Bodhisattvas wirken auf die gleiche Weise.
Bodhicharyavatara 5,73

Bodhisattvas sind Menschen, die den Weg des unablässigen Erwachens in allen Aspekten ihres Lebens wählen. Sie arbeiten einfach und still daran. Sie konzentrieren sich gespannt auf ihre Ziele. Sie machen kein Aufhebens von dem, was sie vorhaben, sie prahlen nicht damit und geben auch keine Absichtserklärungen ab. Vielmehr fokussieren sie ihre Aufmerksamkeit wie einen Laser und gehen strategisch und gezielt vor. Sie sind behutsam bei ihrer Arbeit, passen bei jedem Schritt auf, sodass sie keinen Fehltritt tun und das Ziel verfehlen. Sie lassen sich nicht von dem Wirbel um sie herum, von den Taten und Untaten anderer ablenken.

Betrachten Sie die hier verwendeten Metaphern. Buddhas Bild entstammt dem Bereich der Jagd nach Nahrung bzw. dem überaus riskanten Streben nach Gewinn. Unsere Metapher hat ihren Ursprung im Pokerspiel, bei dem Sie weder Ihre Karten noch Ihre Emotionen zeigen dürfen. Jäger und Spieler verdienen Respekt durch ihre stille Aufmerksamkeit. Lassen Sie uns Bodhisattvas sein und die gleiche Aufmerksamkeit höheren Zielen widmen.

Wie würde Buddha anderen Menschen helfen, ihre Ziele zu erreichen?

Voller Willenskraft lebt er, um die unheilsamen Dinge
zu überwinden und die heilsamen Dinge zu erwecken;
er ist standhaft, von gestählter Kraft, nicht nachlässig im Guten.
Anguttara-Nikaya 5,53

Buddha wusste, dass die meisten Menschen leicht abzulenken sind und in einem geradezu lächerlichen Maße dazu neigen, vielfältige Aufgaben zu übernehmen. Buddhas Art ist still und einfach – er lehrt sie, weil er die Kraft der Konzentration und Selbstdisziplin kennt. Er ist eigentlich der spirituelle Vater einiger heutiger «Erfolgsschriftsteller», deren Bestseller uns lehren, wie wir unsere Träume verwirklichen und unsere Ziele erreichen sollen. Diese Autoren machen sich das zunutze, was Buddha schon vor 2500 Jahren wusste: dass der Geist eine ungeheure Macht hat, wenn sein Besitzer ihn nur gut zu gebrauchen versteht.

Buddha fordert uns auf, unsere Vision oder unser Ziel mit der Konzentriertheit eines Lasers im Auge zu behalten (schon gut, zur Zeit Buddhas gab es keine Laser – er sprach von der «Einspitzigkeit» des Geistes). Ein Mensch mit einer Mission vergeudet keine Energie für sinnlose Zerstreuungen.

Buddha lehrt uns, dass stille Intensität – alle Energie und Aufmerksamkeit auf das gewünschte Ziel zu bündeln – im Innern beginnt; mehr braucht es nicht zum Erfolg. Richten Sie Ihren Geist auf Ihre Ziele. Legen Sie fest, was für Sie sinnvolle Denkweisen sind. Halten Sie sich an sie. Ja, das ist schwer – sinnlose Denkweisen sind oft angenehm. Aber sie sind auch Zeitverschwendung. Lassen Sie nie nach in Ihrem Bemühen.

Was würde Buddha tun, um die «richtige» Lösung für ein Problem zu finden?

*Wenn du auf einem Standpunkt beharrst,
hast du nicht die richtige Sicht.*
«Anweisungen von Manjushri»

Die Antwort auf unsere Frage ist paradox: Es gibt keine richtige Lösung (richtige Sicht) für ein Problem. Sobald wir glauben, wir hätten die richtige Lösung, irren wir uns. In einem tieferen Sinne ist aber nicht die Lösung irrig – der Irrtum geschieht in uns, wenn wir meinen, wir könnten eine endgültige Lösung finden. Da sich im Leben alles ständig verändert, kann die richtige Sicht von heute schon morgen falsch sein. Die richtige Lösung für ein Problem ändert sich unablässig, da sich das Problem unablässig verändert.

Die amerikanische Dramatikerin Jean Kerr hat einmal gesagt: «Wenn Sie einen kühlen Kopf bewahren können, während alles um Sie herum den Kopf verliert, haben Sie möglicherweise einfach nicht die Situation begriffen.» Das sind weise Worte. Verängstigt oder beunruhigt zu sein ist verständlich, wenn die Dinge sich so schnell verändern wie heute. Niemand kann alles ständig im Griff haben.

Frustrierend, nicht wahr? Wir Menschen hätten so gern die richtige Lösung. Aber wenn Buddha Recht hat und alles sich verändert, müssen wir mit der Angst und der Ungewissheit leben, die das mit sich bringt. Wir haben die Wahl: uns einzulullen, indem wir uns an das Absolute klammern («das ist das einzig Richtige»), oder zu erwachen und zu erkennen, dass wir geschmeidig und flexibel sein, stets uns verändern und sich verändernde Lösungen für sich verändernde Probleme finden müssen.

Was würde Buddha tun, wenn er einen Fehler zugeben müsste?

All das schlechte Karma, das von mir früher geschaffen wurde,
aufgrund meiner Gier, meines Hasses und meiner
Unwissenheit ohne Beginn, geboren aus meinen Taten,
Worten und Gedanken, bekenne ich nun offen und ganz.
Zen-Gatha der Läuterung

Bekennen ist gut für die Seele. Oder für das Karma. Bekennen erfordert Ehrlichkeit und Bescheidenheit.

Zuzugeben, dass Sie sich geirrt oder einen Fehler begangen haben, ist der erste Schritt zur Besserung – zur Selbstverbesserung wie zur Verbesserung irgendeines Arbeitsprojekts. Menschen, die keine Fehler zugeben, werden nie aus ihnen lernen. Sie sind dazu verurteilt, sie so lange zu wiederholen, bis jemand anders sie entdeckt. Menschen, die Fehler zugeben, sind bereits auf dem Weg, in Zukunft weniger davon zu begehen. Gute Chefs wissen das. Sie wissen, dass jeder Fehler macht, und darum vertrauen sie Menschen, die sie zugeben.

Mit dem Zugeben von Fehlern beginnen wir nicht nur, aus ihnen zu lernen, sondern wir fangen auch damit an, sie zu korrigieren, uns von ihnen läutern. Wenn wir die «Läuterungs»-Strophe wiederholen, geben wir unsere belastete Vergangenheit zu, sehen diesen Makel aber gleichzeitig aus einem besseren Blickwinkel. Wenn wir unsere Gier, unseren Hass und unsere Unwissenheit erkennen, erkennen wir auch unsere Großmut, Liebe und Weisheit. Unsere Fehler zuzugeben heißt auch, unser Potenzial für Größe zu akzeptieren.

Was würde Buddha tun,
um befördert zu werden?

Ein hoher Rang hängt von den Umständen ab;
er wird nur durch Bemühen erlangt;
und geht doch mühelos verloren.
Er führt nicht zu Zufriedenheit oder Glück,
noch weniger zu Seelenfrieden.
Jatakamala 8,53

Buddha hat nicht gearbeitet, um befördert zu werden, und Sie sollten dies auch nicht tun. Werden Sie befördert, wird Ihr Leben nicht großartig, und bei dem heutigen Tempo von Veränderungen ist eine Beförderung nicht von Dauer. Sie erfolgt unter bestimmten Umständen, und die Umstände können sie wieder aufheben. Das höchste Ziel des buddhistischen Wegs ist nicht die Spitze der Unternehmensleiter.

Aber: Befördert zu werden ist auch nicht falsch. Buddha wurde ständig befördert. Er war ein privilegierter Aristokrat, dann ein geachteter Asket mit Jüngern und schließlich der Führer einer ganzen Religion. Er hatte keine Angst davor, an die Spitze aufzusteigen, und Sie sollten auch keine Angst davor haben. Er hat sich nur nie für Rang oder Beförderung interessiert, sondern nur dafür – und zwar äußerst engagiert –, seine Arbeit möglichst gut zu tun. Buddha wusste: Befördert zu werden ist ein schöner Nebeneffekt von guter Arbeit und nicht damit zu verwechseln.

Und was machen Sie nun auf der Karriereleiter? Die Spitze zu erklimmen ist nicht so wichtig. Zufriedenheit, Glück und

Seelenfrieden erlangen Sie nur durch die tiefe Einsicht in die wechselseitige Abhängigkeit der Dinge voneinander, die Gelegenheit, einen Beitrag für Ihr Unternehmen zu leisten, und die Chance, Ihre Fähigkeiten voll und ganz zu nutzen. Also tun Sie Ihr Allerbestes, und wer weiß – vielleicht werden Sie sogar befördert.

Was würde Buddha zu dem Ausspruch sagen: «Kleider machen Leute»?

> Was nützt dir, Tor, die Flechtentracht,
> Was nützt das Kleid, aus Fell gemacht?
> Du putzest dich nach außen hin,
> Doch wüst bist du im Innern drin.
>
> *Dhammapada 394*

Buddha hat an sich nichts dagegen, dass man sich gut anzieht. Aber verwechseln Sie gut aussehen nicht mit gut sein.

Zur Zeit Buddhas erkannte man die Priesterelite der Brahmanen an ihren eleganten Umhängen und ihrem auffallend geflochtenen Haar. Aber Buddha wusste: Ein entsprechendes Aussehen macht einen nicht weise. Im obigen Text tadelt Buddha einen Dummkopf, der auf seine äußere Erscheinung versessen ist, während er doch auf seine spirituelle Entwicklung achten sollte. Ist Ihr Inneres ein Durcheinander, können Sie sich noch so sehr herausputzen – Sie werden es nicht in Ordnung bringen. Sind Sie hingegen innerlich in Ordnung, wird das durch alles, was Sie tragen, hindurchscheinen. Niemand spricht je darüber, was Buddha getragen hat, umso mehr ist von seiner strahlenden Erscheinung die Rede.

Auch heute gilt: Was im Innern ist, zählt, wenn man Erfolg bei der Arbeit haben will. Welche Fähigkeiten und Talente können Sie aufbieten? Arbeiten Sie gut mit anderen? Sind Sie ehrlich und fleißig? Sind Sie integer? Sind Sie mitfühlend und freundlich? Haben Sie Ihren Geist gezähmt, sodass Sie konzentriert und effizient sind? Haben Sie Selbstdisziplin?

Bevor Sie sich einen Anzug für den nächsten Bewerbungstermin kaufen, schauen Sie sich in Ihrem Seelenkämmerchen genau um. Hier finden Sie den wahren Erfolgsanzug.

Wie würde Buddha Erfolge feiern?

Wenn man über meinen Erfolg bei der Arbeit spricht,
Möchte ich sofort, dass alle darin einstimmen.
Aber wenn andere Komplimente bekommen,
Ist mir einfach nicht danach, mich mit zu freuen.
Bodhicharyavatara 6,79

Wir freuen uns so gern über unsere eigenen Erfolge, dass wir glauben, alle müssten sich darüber mit freuen. Aber wie schwer fällt es uns, den Erfolg anderer zu feiern! Wir tun so, als würden wir uns darüber freuen, aber innerlich ärgern wir uns. Insbesondere bei unseren Chefs werden wir wieder wie kleine Kinder – wir möchten Papas Liebling sein und ärgern uns über Lob und Aufmerksamkeit, mit denen Papa/der Chef Kollegen/Geschwister überschüttet. Natürlich würden wir das niemals offen zugeben, aber wir empfinden es so. Wir sind wie gierige Kinder und haben Angst, dass wir unseren Anteil an all den guten Sachen nicht bekommen.

Buddha würde wieder einmal darauf hinweisen, dass wir der Illusion erliegen, wir seien voneinander getrennt – unsere falsche Wahrnehmung verleitet uns dazu, uns über den Erfolg anderer zu ärgern. «Wenn es dem kleinen Finger gelungen wäre, das Schmalz aus deinem Ohr zu entfernen, würde sich der Zeigefinger doch auch nicht darüber ärgern, nicht wahr?», könnte Buddha uns lächelnd fragen. Im Arbeitsleben sollte es so kooperativ zugehen wie zwischen unseren Händen. Erfolg gibt es genügend, und jeder Mensch hat die Gelegenheit, auf seine Weise erfolgreich zu sein. Um wie viel glücklicher sind wir doch, wenn wir die Erfolge aller wie unseren eigenen feiern! Und um wie viel lieber ist man dann mit uns zusammen. Chefs bemerken das auch.

Was würde Buddha «die Wurzel allen Übels» nennen?

Manjushri: Was ist die Wurzel von Gut und Böse?

Vimalakirti: Körperlichkeit ist die Wurzel von Gut und Böse.

Manjushri: Was ist die Wurzel der Körperlichkeit?

Vimalakirti: Verlangen ist die Wurzel der Körperlichkeit.

Manjushri: Was ist die Wurzel des Verlangens?

Vimalakirti: Das falsche Selbst ist die Wurzel des Verlangens.

Manjushri: Was ist die Wurzel des falschen Selbst?

Vimalakirti: Unwissenheit ist die Wurzel des falschen Selbst.

Manjushri: Was ist die Wurzel der Unwissenheit?

Vimalakirti: Leere.

Manjushri: Was ist die Wurzel der Leere?

Vimalakirti: Wenn etwas leer ist, welche Wurzel kann es da haben?

Also wachsen alle Dinge aus einer leeren Wurzel.

Vimalakirtinirdesha-Sutra 7

Dieser Dialog zwischen zwei erwachten Menschen bringt unser wahres Verhältnis zum Geld an den Tag. Er erinnert an die Erklärung des heiligen Paulus in der Bibel, Geldgier sei die Wurzel allen Übels. Aber die buddhistische Lehre dringt tiefer. Unser Verlangen nach Geld geht über das Wesen des Geldes hinaus, sogar über das Wesen des Verlangens an sich. Es verweist auf das Wesen aller Dinge.

Manjushri, der Bodhisattva der Weisheit, beginnt mit einer Frage, die auf der ganzen Welt gestellt wird: Was ist die Wurzel allen Übels? Der große Hausherr-Bodhisattva Vimalakirti antwortet darauf sogleich, nicht Habgier, nicht das

Geld, sondern die Konzentration auf die Körperlichkeit sei die Wurzel. Damit lehrt Buddha etwas anderes als das, was Jesus lehrte, ohne dass es damit unvereinbar wäre. Das Geld, selbst die Liebe zum Geld, ist an sich nicht böse. Vielmehr geht das Böse aus unserem Wahn hervor, die physische Welt sei fundamental. Das Geld reagiert auf den Wahn, dass das Körperliche uns befriedigen könnte, und erhält ihn aufrecht. In gewisser Hinsicht ist das Geld das höchste leere Ding: etwas, das gewaltig zu sein scheint, in Wahrheit aber völlig hohl ist. Es bewirkt, dass wir uns von Freuden gefangen nehmen lassen, die ihrerseits leer sind. Wir definieren alles über Geld, als Individuen wie als Unternehmen. Wir messen den Erfolg am Geld, sodass unsere Einkommen und unsere Wirtschaft immer wachsen müssen. Doch diese nie enden wollende Jagd kann nie Erfüllung finden.

Das Gefangensein im Körperlichen entsteht durch unsere Begierden, unsere unstillbare Sehnsucht, die von dem wahnhaften Glauben verursacht wird, unsere Selbste seien getrennte Wesen. In Wirklichkeit sind sie wie alle anderen Dinge leer. «Leer» bedeutet für Buddhisten etwas Besonderes. Es meint «hohl», keine Bedeutung an und für sich habend, vielmehr bedeutsam, weil mit allem anderen verbunden. Es bedeutet: nicht getrennt, nie allein. Es bedeutet: vermischt mit und wechselseitig abhängig von allen anderen Menschen, allen anderen Dingen.

Das hat nachhaltige Auswirkungen auf unsere Beziehung zum Geld. Wenn es sich wirklich so verhält, lenkt uns das Geld von dem ab, was uns in Wahrheit Glück bereitet: die Freude darüber, die ganze Welt zu erfahren. Die ganze Welt steht sofort zur Verfügung, umsonst. Sie brauchen kein Geld, Sie brauchen Freiheit vom Verlangen. Geld wird Ihnen nur dann wehtun, wenn Sie es nicht loslassen. Aber wenn Sie nicht gerade sehr weise und wunderbar selbstbewusst sind, achten Sie darauf, dass Sie nicht zuerst vom Geld die Erfüllung erwarten, die es nie bieten kann. Die besten Dinge im Leben sind keine Dinge.

Was würde Buddha zu persönlichem Reichtum sagen?

Ein guter Mensch aber, … wenn er große Reichtümer erworben hat,
beglückt und erfreut sich selber, … Vater und Mutter, …
Kinder und Gattin, … Sklaven und Arbeitsleute, … Freunde und
Beamte. Den Samanas und Brahmanas bringt er eine geistigen
Aufstieg bezweckende Ehrengabe dar, die der Himmel lohnt,
die Glück zur Folge hat, die dem Himmel zuführt.
Es nehmen ihm seine Reichtümer, da sie so richtig gebraucht
werden, die Könige nicht weg, noch nehmen Räuber sie weg,
noch verbrennt sie Feuer, noch führt Wasser sie fort,
noch nehmen unliebe Erben sie weg. Da es sich so verhält, …
kommen Reichtümer, wenn sie richtig gebraucht werden,
zum Gebrauch, nicht zur Vernichtung.
Samyutta-Nikaya 3,19

Buddha hatte keine Probleme mit Menschen, die Geld verdienen, gar reich werden. Persönlicher Reichtum ist erst dann ein Problem, wenn er nicht richtig verwendet wird. Buddha lehrt reiche Menschen, verantwortlich mit ihrem Reichtum umzugehen, indem sie für die Familie, die Mitarbeiter und die Freunde sorgen. Er tritt auch dafür ein, spirituellen Organisationen zu geben, um das spirituelle Wohlbefinden von allen zu bereichern. Im obigen Zitat betont er, guter Umgang mit Geld garantiere, dass der persönliche Reichtum vor allen möglichen Gefahren und Verlusten sicher sei.

So würde ein rechtschaffener Mensch handeln, wenn er

reich ist. Aber für viele von uns ist Rechtschaffenheit nicht immer selbstverständlich, besonders wenn wir reich werden. Wir sind hin und her gerissen zwischen unseren Begierden und dem Wunsch, unseren Werten entsprechend zu leben. Rechtschaffenheit zu entwickeln ist wie das Ausbilden eines Muskels – je mehr Sie ihn trainieren, desto stärker wird er. Wenn unsere Rechtschaffenheit schwach ist, können wir so tun, als seien wir auf dem Weg zum rechten Denken. Wenn wir so tun, als sei uns Rechtschaffenheit eigen, werden wir sie im Laufe der Zeit wirklich besitzen.

Was würde Buddha im Hinblick
auf die Gier sagen?

Selbst Götterwonne, noch so groß,
Sie lässt ihn kühl und freudelos;
Doch Buddhas Jünger ist beglückt,
Weil er das Dürsten unterdrückt.

Dhammapada 187

Wie gut, dass Buddha nicht im «Ego-Jahrzehnt» der achtziger Jahre gelebt hat. Was er da gesehen hätte, hätte ihm nicht gefallen: unersättlicher Konsum, «immer das Eine haben wollen» und «Gier ist gut» waren übliche Haltungen. «Tz, tz, tz», hätte Buddha tadelnd gemacht. Buddha hätte unsere Besitzmanie durchschaut und die rastlose Leere wahrgenommen, die unter dem funkelnd schönen Schein des «Nimm mehr, sei glücklich» liegt.

Mutter Teresa hat einmal gesagt, der spirituelle Hunger, den sie im Westen erblickt habe, sei viel schlimmer als der physische Hunger, der in Indien herrscht. Sie wusste wie Buddha, dass Geld und Dinge uns nie glücklich machen können – mehr Dinge lassen uns nur noch mehr Dinge haben wollen.

Wahres Glück kommt, wenn wir frei von unseren Begierden werden und die endlose Suche nach dem beenden, was sie befriedigt. Dann können wir uns erneut den wahren Freuden hingeben. Ja, wir können uns diesen Freuden zum ersten Mal wahrhaft hingeben, da die Freude bis dahin von der Folie des Verlangens verhüllt ist.

Was würde Buddha tun,
wenn er reich würde?

*Wenige nur sind die Wesen in der Welt, die, wenn sie immer
größere Reichtümer erworben haben, sich nicht daran berauschen
und nicht übermütig werden und nicht in Gier nach
sinnlichen Genüssen verfallen und nicht an den
anderen Wesen sich versündigen.*
Samyutta-Nikaya 3,6

Menschen, die reich werden können, ohne dadurch ruiniert zu werden, sind selten. Jesus hat etwas Ähnliches gesagt: Eher geht ein Kamel durch ein Nadelöhr, als dass ein Reicher in den Himmel kommt. Spirituelle Lehrer geben sich größte Mühe, uns daran zu hindern, vom rechten Weg abzukommen. Sie erkennen das verführerische Gift des Geldes und wollen es von uns fern halten. Buddha selbst wuchs mit unendlich viel Geld auf und musste am Ende völlig darauf verzichten. Er hatte aus erster Hand erfahren, dass ein Übermaß an Geld uns entstellt.

Geld ist eine große Versuchung; es täuscht uns, es überredet uns, es überlebt uns. Es hat eine unerschütterliche Geduld und eine schreckliche Bereitschaft. Wenn wir Verantwortungslosigkeit oder Gier in uns haben, wartet es auf seine Chance und verlockt uns dazu, das Falsche zu tun.

Was also würde Buddha tun, wenn er reich würde? Er hat es uns gezeigt: Buddha wandte sich von einem Leben in Reichtum ab. Wenn wir nicht die Freiheit haben, ihm in finanzieller Hinsicht zu folgen, müssen wir ihm innerlich folgen. Unser Geist muss frei sein von der Entstellung des Reichtums. Wir dürfen nicht gierig nach der Macht und nach dem sinnlichen Genuss sein, den sie fördert. Wir müssen Geld wie einen Besucher behandeln, den wir respektieren, von dem wir aber auch wissen, dass er gefährlich ist. Wir begrüßen einen solchen Besucher herzlich, werden mit ihm jedoch nicht zu vertraut, um uns nicht verführen zu lassen. Wenn wir so leben, sind wir frei, der Welt auf eine Weise zu helfen, in der Buddha dies nie vermochte.

PROBLEME BEWÄLTIGEN

Geist steht über Materie

Was würde Buddha tun, wenn er entmutigt und deprimiert wäre?

Während der Meditationsexerzitien sagte ein Schüler
einmal zu dem Zen-Lehrer Soen Nakagawa:
«Ich bin ganz entmutigt. Was soll ich tun?»
Soen erwiderte: «Ermutige andere.» Das ist Zen-Denken.
Philip Toshio Sudo, «Zen oder die Kunst,
achtsam mit sich und seinem Computer umzugehen»

Philip Toshio Sudo führt hier ein exemplarisches Beispiel für Zen-Denken an, das sich von den ewigen Problemen des Ich ab- und den unendlichen Möglichkeiten, anderen zu helfen, zuwendet.

Ja, wir wissen, das ist schwer. Und wir wissen, am schwersten ist es genau dann, wenn man am stärksten von der eigenen Entmutigung belastet ist. Aber darum ist das, was geschieht, ja so bemerkenswert, wenn man es trotzdem tut. Man fühlt sich besser.

Sie glauben vielleicht, es sei nichts mehr da, Sie hätten nichts mehr zu geben. Aber wenn Sie keine Ermutigung mehr für sich haben, werden Sie überrascht feststellen, dass Sie noch immer großes Mitgefühl für andere aufbringen können.

Wenn sich Ihr eigenes Problem direkt an der Oberfläche befindet, werden Sie die Probleme der anderen umso klarer erkennen. Verlieren Sie sich, indem Sie ihnen helfen. Sobald Sie das tun, sind Ihre eigenen Probleme verschwunden.

Werden sie wiederkommen? Natürlich tun sie das. Probleme kommen, Probleme gehen – so ist das nun einmal. Aber das ist in Ordnung, denn indem Sie anderen helfen, entdecken Sie, dass Sie sich selbst geholfen haben. Es ist ein Wunder.

Was würde Buddha im Hinblick auf die ethischen Kodizes von Unternehmen tun?

Wenn du nicht betrunken wirst, muss es dir niemand verbieten.
Vorschriften für das, was zu tun und nicht zu tun ist,
gelten nur für niedere Priester und Priesterinnen.
Zen-Lehrer Bankei

Ethische Kodizes gibt es häufig in Unternehmen. Dass es sie gibt, ist typisch für die Kluft zwischen echter Ethik und bloßer Legalität in unserer heutigen Gesellschaft. Wenn ein legal korrektes Verhalten zum akzeptierten Verhaltensmaßstab wird, sind ethische Kodizes offenbar notwendig, um die Menschen an die wahren moralischen Maßstäbe zu erinnern.

Aber der Zen-Lehrer Bankei macht auf die Ironie aufmerksam, die darin steckt: Solche ethischen Vorschriften beeinflussen nur niedere Priester und Priesterinnen. Guten Priestern und allen anderen guten Menschen muss man nicht sagen, welche schlimmen Dinge sie nicht tun dürfen. Sie werden sie ohnehin nicht tun. Nur potenzielle Übeltäter brauchen eine genaue Liste all der üblen Dinge, die sie unterlassen sollen.

Wenn Ihr Unternehmen einen solchen Ethikkodex für Mitarbeiter hat, dann beleidigt das Management die guten Arbeiter und erzieht bloß die schlechten, ohne sie zu ändern. Wenn Sie gezwungen sind, so einen Ethikkodex zu unterschreiben, fühlt Buddha mit Ihnen. Unterschreiben Sie einfach, und leben Sie weiter. Sind Sie ein ehrlicher, ethischer

Mensch, gilt er nicht für Sie. Natürlich werden Sie sich daran halten und darüber hinausgehen. Der Kodex ist für die unethischen, unehrlichen Menschen, und obwohl es zweifelhaft ist, ob sie sich nach dem Unterzeichnen eines Stücks Papier anders verhalten, könnte es sie an Gründe erinnern, es zu tun.

Wie würde Buddha davor warnen, zu viel zu wollen?

Nach Stille suchend
hört er
jeden einzelnen Laut.
Steve Sanfield,
«Ein Gedicht für die von euch, die zuweilen beunruhigt sind
von bellenden Hunden und tief fliegenden Jets»

Die Arbeit kann wie das Leben frustrierend paradox sein. Je mehr Sie etwas wollen, desto mehr scheint es sich Ihnen zu entziehen. Das ist fast so, als ob es diesen perversen Antimagnetismus gäbe, der die Dinge in genau dem Maß von uns wegstößt, in dem wir sie begehren.

Buddha würde lachen. Ja, so leben wir nun einmal. Je mehr wir etwas wollen – diese Beförderung, diese Gehaltserhöhung, diesen neuen Job, diese Anerkennung durch den Chef, diesen schicken Palm Pilot usw. –, desto mehr leiden wir, weil wir uns des Fehlens dessen, was wir begehren, so sehr bewusst sind. Vielleicht entzieht es sich uns eigentlich gar nicht, aber in unserem Leiden haben wir jedenfalls das Gefühl, dass es dies tut

Wie lautet die Antwort? Suchen Sie nicht nach der Stille – lassen Sie sie zu Ihnen kommen. Alles, was Sie brauchen, haben Sie. Stellen Sie fest: Ganz gleich, was oder wie viel Sie haben, immer wollen Sie mehr. Stets gibt es etwas Neues. Sie sind unersättlich. Wir alle sind unersättlich. Nicht nur das: Wenn wir uns auf das Verlangen konzentrieren, definieren wir eine Situation, in der nichts anderes uns befriedigen kann, egal, was es ist. Vielmehr müssen wir uns für das öffnen, was wirklich kommt. Weniger wollen, mehr akzeptieren.

Was würde Buddha tun, wenn er aufgefordert würde, eine unangenehme Arbeit zu übernehmen?

Buddha sagte, wenn es tatsächlich nicht anders geht,
Müssen wir einige richtig scheußliche Dinge tun.
Aber niemals nur, weil jemand uns dazu aufgefordert hat.
«Das Kostbare Juwel der Lehre» 12, das Ratnavali zitierend

Manchmal werden wir aufgefordert, bei der Arbeit Dinge zu tun, die wir eigentlich nicht tun wollen. Die unangenehme Aufgabe könnte ein spezielles Projekt sein oder zu Ihren normalen Pflichten gehören. Unangenehm ist es, Menschen zu entlassen, Budgets zu kürzen, mit Konflikten umzugehen, ein Durcheinander zu beseitigen, unter schwierigen Umständen und/oder mit schwierigen Menschen zu arbeiten. Diese Jobs können in physischer, emotionaler, moralischer Hinsicht scheußlich sein – in jedem Unternehmen gibt es scheußliche Jobs und unangenehme Pflichten, die irgendjemand übernehmen muss.

Aber bei diesen scheußlichen Jobs stellt sich für Menschen, die der Weisheit Buddhas folgen, eine interessante Frage. Sagt er doch, nur weil Sie aufgefordert werden, so eine Arbeit zu erledigen, heißt das noch lange nicht, dass Sie sie unbedingt erledigen müssen. Spinnt er? Können Sie etwa einen Job ablehnen, zu dem Sie bei der Arbeit aufgefordert werden? Was würde Ihr Chef dazu sagen?

Wir alle müssen Verantwortung übernehmen, und wir alle müssen unseren Anteil an scheußlichen Jobs erledigen, aber wir müssen sie nicht alle übernehmen, und wir müssen sie nicht übernehmen, nur weil jemand uns dazu auffordert. Buddha sagt, Sie sollten sich fragen: «Ist das etwas, das ich wirklich tun muss?» Ihre Antwort auf diese Frage erwächst aus Ihren Antworten auf damit zusammenhängende Fragen: Muss dieser Job wirklich erledigt werden? Bin ich für diesen Job der beste Mann/die beste Frau im Unternehmen? Ist die Erledigung dieses Jobs ein Test, den ich bestehen muss? Und schließlich die vielleicht wichtigste Frage: Kann ich etwas lernen, wenn ich diesen Job erledige?

Wenn Sie aus einem scheußlichen Job etwas lernen, dann müssen Sie ihn übernehmen. Wenn Ihnen der scheußliche Job völlig sinnlos erscheint und Sie ihm nicht irgendetwas abgewinnen können, sollten Sie sich vielleicht lieber mit Ihrem Chef darüber unterhalten, ob er es sich nicht noch einmal überlegen will. Garantiert leichter gesagt als getan, aber eine solche Diskussion mit Ihrem Chef kann ihrerseits ein hervorragender Lernprozess sein. Und vielleicht ist ja die scheußliche Aufgabe nicht die einzige Erfahrung, bei der Sie etwas lernen – wie Sie über die scheußliche Aufgabe denken und wie Sie darauf reagieren, das kann die wahre Lernchance sein.

Was würde Buddha im Falle von Scheinheiligkeit tun?

Ich meine, jemand, der den Buddha Amida anruft,
wenn er spielt und andere unmoralische Dinge tut,
versucht Amida auszunutzen.
Zen-Lehrer Bankei

Nur wenige Dinge sind so abscheulich wie Bekundungen falscher Frömmigkeit. Das gilt für jede Art von Frömmigkeit – Buddhismus, Christentum, Judentum, Islam, Hinduismus, New Age, 12-Schritte-Programme, was auch immer. Menschen (oder Organisationen), die ihre Religiosität oder Spiritualität öffentlich zur Schau stellen, während sie sich im Privatleben lasterhaft verhalten, täuschen nur sich selbst. Mit Sicherheit täuschen sie nicht die Gottheit, die sie anbeten. Amida ist ein himmlischer Buddha, der besonders denen hilft, die zu heruntergekommen sind, um sich selbst zu helfen, aber nur, wenn sie es ernst meinen. Heuchlern wird Amida keine Gnade gewähren. Nein – Heuchler werden ernten, was sie säen, keine Sorge. Das ist die Macht des Karma – vertrauen Sie ihr. Sorgen Sie einfach dafür, dass nicht Sie der Heuchler sind.

Wie würde sich Buddha bei Gerüchten und Klatsch verhalten?

Was ist rechte Rede? Sich des Lügens, Streitens,
Beleidigens und des hohlen Geschwätzes enthalten.
Samyutta-Nikaya 45,8

Buddha hatte für Gerüchte und Klatsch nichts übrig. Die rechte Rede ist ein Teil des Achtfachen Pfads, weil die Rede große Macht hat. Um Buddhas Weg zu folgen, dürfen wir uns nicht an Reden beteiligen, die Menschen entzweien, hinter ihrem Rücken kritisieren oder die bloß Geschwätz sind, um die Zeit totzuschlagen. Auch Gerüchte und Klatsch sind solche Reden.

Buddha weiß, dass Sie anderen Menschen nicht übel wollen, wenn Sie darüber reden, was mit einem anderen Mitarbeiter oder in einer anderen Abteilung los ist. Sie sind einfach neugierig oder amüsiert oder missbilligen jemand anderen. Aber dieses hohle Spekulieren und Schwätzen ist fast immer zerstörerisch. Die Dinge werden wiederholt und dabei stets entstellt. Hat sich eine Bemerkung im Unternehmen herumgesprochen, hat sie sich völlig verändert und trifft überhaupt nicht mehr zu (falls sie es je getan hat).

Vertrauen ist in einem solchen Umfeld unmöglich. Klatsch und Gerüchte bestimmen den Ton in einem Unternehmen, und dabei werden alle verunsichert. Die Menschen verkehren misstrauisch miteinander, weil sie Angst vor dem haben, was andere hinter ihrem Rücken über sie sagen. Der Klatsch und die Besorgnis, die er auslöst, vergeuden Zeit, in der man Probleme lösen, neue Ideen entwickeln oder neue Märkte erschließen könnte. Produktivität und Rentabilität müssen darunter leiden. Wenn wir also Klatsch oder Gerüchten frönen, schaden wir nicht nur unserem Unternehmen, sondern auch unserer eigenen Zukunft, indem wir die Stärke unseres Unternehmens unterminieren.

Wie würde Buddha Sie vor falscher Gesellschaft bei der Arbeit warnen?

Wer einen Wanderfreund vermisst,
Der gleich ihm oder besser ist,
Geh festen Schritts den Weg allein,
Ein Tor soll nicht Geselle sein.
Dhammapada 61

Vielleicht war meine Mutter Buddhistin ... Jedenfalls er-
mahnte sie mich oft: «Du wirst nach den Menschen
beurteilt, mit denen du Umgang hast.» Ihre Worte gelten für
die Arbeit genauso wie im Privatleben. Menschen, die miteinander arbeiten, bemerken, wer seine Zeit mit wem ver-
bringt und wer in welcher Clique ist und wer nicht.

Buddha lehrt uns, uns jeden Aspekts unseres Alltagslebens
bewusst zu sein. Genauso wie wir uns dessen, was wir sagen
und tun, bewusst sein sollten, müssen wir uns bewusst sein,
mit wem wir bei der Arbeit zusammenstecken. Wenn Sie Ihre
Zeit mit Klatschmäulern und Faulenzern verbringen, werden
andere Menschen Sie wahrscheinlich auch für ein Klatsch-
maul und einen Faulenzer halten – selbst wenn Sie es gar
nicht sind. Und vieles spricht dafür, dass Sie es bald sein
werden.

Wenn Sie klug sind, umgeben Sie sich mit Menschen, die
Sie bewundern und respektieren. Mit der Arbeit ist es wie
beim Tennis: Wenn Sie mit jemandem spielen, der besser ist
als Sie, wird sich Ihr Spiel durch die Herausforderung und
den Anreiz verbessern. Arbeiten Sie mit anderen, die klüger

und begabter sind als Sie, wird sich Ihre Arbeit durch die Herausforderung und den Anreiz verbessern. Wenn Sie sich umschauen und wirklich von niemandem lernen können, arbeiten Sie vielleicht nicht an der richtigen Stelle.

AUF DEM WEG IN IHRE ZUKUNFT

Wie Sie Ihr eigenes Karma erschaffen

Was würde Buddha Menschen sagen, die sich ändern wollen?

Wer das, was er verschuldet hat,
Vergessen lässt durch gute Tat,
Der macht dies Weltendunkel licht
Wie Mondschein, der durch Wolken bricht.
Dhammapada 173

Buddha war auf jeden Fall ein Optimist. «Natürlich können Sie sich ändern», würde er sagen, «denn darum geht es doch beim Weg des Erwachens – um die persönliche Verwandlung. Ich bin der beste Beweis dafür. Mein Leben, meine Lehre sind nichts anderem gewidmet, als Ihnen zu zeigen, wie Sie mir folgen können.»

Tun Sie den ersten Schritt auf diesem Pfad, und schon sind Sie unterwegs. Warum? Sehen Sie sich die Metapher an, die Buddha hier verwendet. Sie sind wie der Mond – Sie scheinen immer, ob Wolken nun Ihr Licht verdecken oder nicht. Natürlich haben Sie es in sich, die Veränderungen zu vollziehen, die Sie wünschen. Wenn Sie die Fähigkeit nicht hätten, hätten Sie auch den Wunsch nicht.

Buddha feuert uns in dieser Passage an, und er würde jeden anfeuern, der bereit wäre, die Mühe auf sich zu nehmen, sich zu verändern. Vielleicht klingt das blöd, aber Buddha ist nicht nur ein spiritueller Führer – er ist ein Cheerleader. Versuchen Sie sich das einmal bildlich vorzustellen, wenn Sie deprimiert sind.

Was würde Buddha Ihnen sagen, wenn Sie Ihren Arbeitstag lebenswert machen wollen?

Strebe danach, deinen Tag produktiv zu machen,
In kleinen wie in großen Dingen.
Jeder Tag und jede Nacht
Bringen dich deinem Tod näher.
Theragatha 451

Ob Ihnen Ihre Arbeit nun gefällt oder nicht – sie füllt jedenfalls einen Großteil Ihres Alltags, Ihres Lebens aus. Wenn ein Tag vorbei ist, dann ist er für immer vorbei. Sie können sich nicht einen neuen Tag zusammenschustern, um den Verlust dessen zu ersetzen, den Sie gerade vergeudet haben. Mit allen 24 Stunden, die vergehen, ist Ihr Leben einen weiteren Tag kürzer.

Buddha ermutigt Sie, Ihren Tag produktiv zu machen, egal, ob Sie nun große oder kleine Dinge zustande bringen. Wenn es Ihr letzter Tag im Job oder auf Erden wäre, wie würden Sie ihn dann gestalten? Würden Sie einem Kollegen helfen? Würden Sie sich bemühen, Ihr Bestes zu geben? Würden Sie ein Problem lösen? Würden Sie endlich Ihren Schreibtisch aufräumen? Würden Sie den Hausmeister anlächeln und ihm alles Gute wünschen? Denken Sie an all die verschiedenen Möglichkeiten, wie Sie dafür sorgen können, dass Ihr Tag zählt. Sie stehen Ihnen alle zur Verfügung – heute.

Wie würde Buddha ein Gleichgewicht zwischen Arbeit und Privatleben herstellen?

Eine gesunde Spannung herrscht in den natürlichen Ergänzungspaaren Ordnung und Inspiration, Verantwortung und persönliche Erfüllung, Disziplin und Freiheit, Autorität und Gleichmacherei, Tradition und gegenwärtige Bedeutung, männlich und weiblich, Form und Leere, Leben und Nichtexistenz. Vernachlässige eine Seite des Paares, und sie wird sich umdrehen und beißen.
Robert Aitken Roshi, «Encouraging Words»

Ist das Leben eine Entweder-oder-Aussage oder ein Sowohl-als-auch? Wir leben in einem Kontinuum von Polaritäten: Arbeit und Spiel, Gemeinschaft und Individualität, männlich und weiblich, jung und alt, Aufgabe und Beziehung, und so weiter. Wir leben in der dialektischen Spannung dieser Gegensätze und werden gleichzeitig in zwei Richtungen gezogen. Buddha wusste dies, und Aitken Roshi erinnert uns daran, dass dies nicht bloß unvermeidlich, sondern auch gesund ist.

Wir müssen beide Enden dieser Polaritäten beachten. Wir müssen unsere Zeit allein wie in Gesellschaft verbringen, Beziehungen wie Aufgaben unsere Aufmerksamkeit widmen, uns Zeit für die Arbeit und fürs Spiel nehmen. Wer sich für ein Ende des Kontinuums entscheidet und das andere ignorieren will, dem wird dies nie gelingen, denn das vernachlässigte Ende wird sich gegen uns kehren und uns beißen.

Wenn wir zu viel Freiheit haben, fehlen uns die Ordnung und die Disziplin, die wir brauchen, um uns zu verbessern; doch wenn wir zu viel Ordnung haben, werden wir starr und sind nicht frei für Inspiration und Innovation.

Genauso verhält es sich mit dem Leben innerhalb und außerhalb der Arbeit. So wie eine Waage ihre Funktion erfüllt, wenn beide Seiten ausgewogen sind, funktionieren wir Menschen am besten, wenn wir Arbeitsleben und Privatleben ausgleichen – wir können locker, entspannt, bereit zur Bewegung, gerecht und fair sein. Dies ist der Mittlere Weg des Buddha.

Was würde Buddha tun, um Arbeitnehmern Autorität zu verleihen?

Du musst selbst gehen – Buddhas weisen nur den Weg.
Dhammapada 276

Buddha wusste, dass Menschen selbst denken, ihr Leben für sich leben, darüber nachdenken und die Theorien und Lehren anderer Menschen überprüfen können. Ausdrücklich warnte er vor blinder Autoritätsgläubigkeit, vor gedankenloser oder sentimentaler Loyalität gegenüber einem Guru oder Lehrer, einschließlich seiner selbst.

Das bedeutet, dass wir alle die schwere Arbeit tun müssen, unserem eigenen Weg zu folgen – unseren Geist zu zähmen, unsere Aufmerksamkeit zu konzentrieren, disziplinierte Arbeitsgewohnheiten zu entwickeln und über unsere Erfahrungen nachzudenken, wenn wir zusammen arbeiten. Chefs und Lehrer oder Unternehmens-Gurus können uns helfen, indem sie uns den Weg zeigen, aber sie können uns nicht zum Ziel tragen. Sie können uns nicht ein Buch geben oder mit uns ein Seminar abhalten, das uns ins Instant-Nirvana oder zu sofortigem Wohlstand befördert. Wir alle müssen den Weg selbst gehen. Wenn Ihnen jemand etwas anderes verspricht, ist er nicht Buddha!

Wie Laotse, der legendäre Autor des *Tao Te Ching*, schrieb: «Der Meister redet nicht, er handelt. Wenn er mit seinem Werk fertig ist, sagen die Menschen: ‹Erstaunlich, wir haben alles selbst gemacht!›»

Okay, Laotse war kein Buddhist. Doch es gibt Geschichten, in denen er mit Buddha Umgang hat, und niemand wage zu behaupten, er sei nicht erwacht gewesen. Im Übrigen wussten Laotse wie Buddha, dass Reden billig ist. Sie wussten auch, dass die Menschen nicht viel auf das geben, was ihre Chefs sagen – sie sehen ihnen bei dem zu, was sie tun. So weisen Buddhas und Bosse den Weg. Sie verkörpern Anständigkeit, Rechtschaffenheit, harte Arbeit, Kooperation, Ausdauer, Geschick und Geduld. Sie gehen mit gutem Beispiel voran. Sie predigen nicht – ihre Arbeit ist ihre Botschaft. Sie führen, indem sie Arbeiter unter Arbeitern werden. Nicht anders hat Buddha unter seinen Anhängern gelebt.

Diese Art von Führung verleiht anderen Leuten den Auftrieb und die Autorität, die nötig sind, um selbst großartige Arbeit zu leisten. Das Handeln des Teams ist eine nahtlose Operation, bei der jeder sein Bestes tut und zum Erfolg der ganzen Gruppe beiträgt. Die Arbeit ist so transparent, dass niemand weiß, wo die Arbeit eines Teammitglieds endet und die eines anderen anfängt. Durch ihre Arbeit «gehört» der Gruppe das Endergebnis, das sich fast so ausnimmt, als hätte sie es ohne irgendeinen Führer erzielt. Das ist die wahre Autorisierung von Arbeitnehmern.

Was würde Buddha über die Kosten von Rechtschaffenheit und Weisheit sagen?

> Leicht lebt, wen keine Scheu beengt,
> Wer andere zur Seite drängt ...
> Ein schweres Leben aber lebt,
> Wer rein lebt, stets nach Reinheit strebt,
> Erkennend ist, voll frommer Scheu,
> Von Anmaßung und Haften frei.
> *Dhammapada 244f.*

Warum folgen so wenige Menschen dem Weg der erleuchteten Arbeit? Weil es schwer ist. Buddha stellt sich mit uns auf eine Stufe. Ein Leben in Rechtschaffenheit ist schwere Arbeit. Dem Weg der spirituellen Entwicklung zu folgen ist schwere Arbeit. Zu erwachen und in jedem Augenblick achtsam zu sein verlangt ständige Aufrichtigkeit. Es ist anstrengend.

Es ist viel leichter, seinen schlimmsten Impulsen nachzugeben und sich vom kleinsten gemeinsamen Nenner am Arbeitsplatz leiten zu lassen. Einem spirituellen Weg bei der Arbeit zu folgen ist so, als würde man ein Haus peinlich sauber halten, während eine Horde Teenager mit einem darin lebt! Das erfordert Zeit, Aufmerksamkeit und Energie. Kurzfristig ist es viel leichter, in einem unaufgeräumten Haus zu leben. Die Teenager werden dem zustimmen.

Aber langfristig müssen Sie auch auf die Kosten und Vorteile achten. Rechtschaffenheit kostet zwar schwere Arbeit, aber nachzugeben kostet Sie Ihre Rechtschaffenheit. Es ist

Ihre Entscheidung. Es kostet etwas, und es lohnt sich, ein Leben der Erleuchtung zu führen, und es kostet etwas, und es lohnt sich, das Leben eines Narren zu führen. Buddha würde sagen: Rechnen Sie es durch, und entscheiden Sie sich dann.

Was würde Buddha antworten auf die Frage, was wirklich zählt?

Gesundheit ist der Höchstgewinn,
Der beste Schatz zufriedner Sinn,
Vertraut ist besser als verwandt,
Das höchste Glück: «erloschner Brand».
Dhammapada 204

Buddha wurde mit dem sprichwörtlichen goldenen Löffel im Mund geboren. Er wuchs umgeben von Reichtum und Macht auf. Er erfuhr aus erster Hand, dass es ihn nicht glücklich machte – es macht niemanden glücklich. Glück ist nicht eine Funktion der Dinge, die Sie haben. Glück ist eine Funktion des Menschen, der Sie sind. Glück ist ein innerer Job.

Alle großen spirituellen Lehrer geben Buddhas Lehren wieder: Was wirklich wichtig ist im Leben, das sind all die Dinge, die Sie sich mit Geld nicht kaufen können – nicht nur Liebe, sondern auch Gesundheit, Seelenfrieden, Vertrauen zwischen Ihnen und anderen, Nirvana und volles Erwachen. Nirvana bedeutet wörtlich «erloschen», wie eine Kerzenflamme. Frei von Banden, jenseits von allen Einschränkungen. Das, würde Buddha sagen, ist wirklich wichtig im Leben.

TEIL II

Wie man die Zusammenarbeit
«erhellt»

Wenn du von allen Dingen erweckt bist,
fällt das Getrenntsein von dir und anderen weg.
Dogen Zenji, «Genjo Koan»

«Die Hölle, das sind die anderen», schrieb der französische Philosoph Jean Paul Sartre. Er hatte Recht, aber nur halb. Die andere Hälfte lautet: «Der Himmel, auch das sind die anderen.» In einem Unternehmen zu arbeiten heißt, notgedrungen mit anderen Menschen zu arbeiten – Kollegen, Chefs, Kunden, Verkäufern, der Öffentlichkeit. Unsere Beziehungen zu anderen Menschen verursachen uns die meisten Kopfschmerzen – aber diese Beziehungen können uns auch viel Freude bereiten.

Bankangestellte hört man murren: «Hier könnte man großartig arbeiten, wenn es keine Kunden gäbe.» Hochschullehrer bemerken zuweilen: «Hier könnte man großartig arbeiten, wenn es keine Studenten gäbe.» Buchverleger (nicht unsere natürlich, niemals) mosern gelegentlich: «Hier könnte man großartig arbeiten, wenn es keine Autoren gäbe.» Wo immer Sie arbeiten – bestimmt können auch Sie Gruppen von Menschen benennen, die Ihnen das Leben schwer machen. Chefs beklagen sich über ihre Mitarbeiter, Mitarbeiter beklagen sich über ihre Chefs.

Ist es nicht komisch, dass offenbar jeder denkt, jemand anders sei das Problem? Und doch beklagen sich viele, die zu Hause arbeiten, am meisten würden sie andere Menschen vermissen!

Was sollen wir tun? Anscheinend können wir nicht miteinander leben, aber wir können auch nicht ohne einander leben. Woody Allen hat unser Dilemma sehr schön am Ende seines Films *Annie Hall* zusammengefasst, als er in die Kamera sprach:

> Dieser Typ geht zu einem Psychiater und sagt: «Doc, mein Bruder spinnt, er glaubt, er sei ein Huhn.» Und der Doktor fragt: «Na schön, und warum schicken Sie ihn nicht in die Klapsmühle?» Und der Typ sagt: «Würd ich ja, aber ich brauche die Eier.» Tja, ich schätze, so ähnlich ergeht es mir mit Beziehungen. Sie wissen ja, sie sind völlig irrational und verrückt und absurd und …, aber ich schätze, wir halten sie durch …, weil … die meisten von uns die Eier brauchen.

Buddha wusste um dieses Dilemma, und ein Großteil seiner Lehre befasst sich damit, wie wir in Gemeinschaft mit anderen Menschen leben sollen. Wie wir in Unternehmen miteinander arbeiten können, die «Eier» kriegen, die wir alle brauchen, und einander dabei nicht wehtun. Die folgenden Seiten werden Ihnen dabei helfen, dieses schwierige Ziel zu erreichen – ohne ständig auf Eierschalen treten zu müssen.

Buddha lehrt, dass wir wahrhaft nur in unseren Beziehungen existieren. Daher ist ihre Macht so groß. Deshalb können sie für uns Himmel oder Hölle sein. Beziehungen sind ewig – wir sind es nicht. Ob wir nun Führungspersönlichkeiten suchen, Teams bilden, Mitarbeiter ausbilden oder Konflikte beenden – immer erschaffen wir Beziehungen, arbeiten wir in Beziehungen. Buddhas Lehre kann diese Beziehungen zum Weg des Erwachens selbst machen.

FÜHRUNG UND CHEFS

Führe, folge, oder geh
aus dem Weg

Was würde Buddha über wahre Führung sagen?

*Bodhisattvas werden Häuptlinge, Kapitäne, Priester,
Gouverneure, sogar Präsidenten und Premierminister.
Zum Wohle der Bedürftigen sind sie unversiegliche Quellen
von Gaben, die den Geisteszustand des Erwachens auslösen.*
Vimalakirtinirdesha-Sutra 8

Buddha praktizierte die «dienende Führung», lange bevor die heutigen Wirtschaftsbuchautoren und Unternehmensberater diese Idee populär machten. Führungsmetaphern, wie Managementtheorien, kommen und gehen wie alle Modeerscheinungen – immer gibt es irgendein Programm und die Verlockung, durch die Lektüre eines Bestsellers zum perfekten Manager zu werden. Wenn Sie in einem großen Unternehmen arbeiten und schon eine Menge Seminare besucht haben, erinnern Sie sich vielleicht an Schlagworte wie diese: Situationsführung, Führung durch Coachen, Führer gleich Krieger, Führer als Cheerleader, Führer als Visionär …

Aber welche Führer bewundern wir am meisten? Wem würden wir am liebsten folgen? Moses, Mohammed, Gandhi, Jesus, dem Dalai Lama … und Buddha. Sie verkörpern das zitierte Führungsvorbild: dienende Führung, Führung im Dienst der Armen, der Entrechteten und Hungrigen, der Obdach- und Hoffnungslosen.

Führer, die anderen Menschen dienen, sind die wahren Führer, weil ihre Führung über ihre Organisationen hinausgeht und die Welt verändert. Sie haben auf ihr Ego und alle Machtinsignien verzichtet und sich für den Weg der Einfachheit und des Dienens entschieden. Wie nennt sich der Dalai Lama selbst? «Einen einfachen Mönch». Er hat große Macht, aber er weiß, dass sie dem Amt gehört, während er auf tönernen Füßen steht.

Wie würde Buddha gute Führer erkennen und auswählen?

Ehrwürdigkeit wird nicht erreicht
Nur dadurch, dass das Haupthaar bleicht …
Wenn wahr man spricht, die Lehre liebt,
Sich bändigt, Wesen-Schonung übt
Und weise allen Makel bannt,
Alsdann wird würdig man genannt.
Dhammapada 260 f.

Alter macht nicht unbedingt weise. Wie wir alle aus eigener Erfahrung wissen, geht die Jugend vorbei, aber die Unreife kann ewig dauern.

Gute Führer brauchen nicht älter zu sein als ihre Anhänger, aber sie sind weiser. Führung hat nichts mit Chronologie, sie hat etwas mit Charakter zu tun. Buddha erklärt uns, damit man ein Altehrwürdiger sein könne, einer, der in der Gemeinschaft geachtet werde, müsse man den Weg der Disziplin, der Selbstreflexion, der rigorosen Aufrichtigkeit und Selbstbeherrschung gegangen sein. Ein Ältester zu sein heißt, ein lebendes Beispiel dieses Weges zu sein.

Vor einiger Zeit bezeichnete ein japanischer Konzernchef in einem Interview seine Rolle als «Seele des Unternehmens». Er verstand seinen Job als lebendige, atmende Verkörperung der Werte und der Ethik, die das Fundament seines Unternehmens waren. Als seine Gefolgsleute ihn betrachteten, erblickten sie jemanden, der Erleuchtung in die Arbeit einbrachte.

Vielleicht sehnen sich viele Mitarbeiter und Unternehmen heute nach einem Führer, der ein geistiger Führer und nicht bloß ein Unternehmensführer ist.

Wie würde Buddha auf einen harten, anspruchsvollen Chef reagieren?

Man lehre und berate gern,
Halt' andere vom Unrecht fern:
So ist man Guten lieb und wert
Und nur bei Schlechten unbegehrt.
Dhammapada 77

Lehrer, die am meisten von ihren Schülern verlangen, helfen ihren Schülern dabei, sich am besten zu entwickeln. Das gilt auch für Chefs. Mitarbeiter steigen am höchsten auf unter Chefs, die hohe Maßstäbe anlegen und anspruchsvolle Ziele setzen. Mitarbeiter, deren Chefs nur eine mittelmäßige Leistung erwarten, liefern diese meist auch. Schlimmer sind lasche und anspruchslose Chefs – sie erweisen Ihnen einen Bärendienst, wenn sie Sie nicht richtig fordern.

Buddha weiß, dass ein Arbeiter mit einem harten Chef wie ein Sportler mit einem harten Trainer ist – beide werden härter arbeiten, all ihre Fähigkeiten aufbieten und ein höheres Leistungsniveau erreichen.

Verstehen Sie die Kritik und die Anweisungen Ihres Chefs als Ausdruck seiner Liebe zu Ihnen und seiner Sorge um Ihre Zukunft. Ken Blanchard meint: «Feedback ist das Frühstück der Champions.» Wenn Ihr Chef Ihnen nie sagt, was Sie falsch machen, wie können Sie sich dann verbessern? Als guter Mitarbeiter lernen Sie, das zu lieben (oder zumindest zu respektieren). Lernen Sie das nicht, wird es Zeit, dass Sie sich über sich selbst, nicht über ihren Chef, Gedanken machen.

Was würde Buddha vom Ego von Führungskräften halten?

Der Tor, der seine Dummheit kennt,
Verdient fast, dass man klug ihn nennt;
Doch kommt ein Tor sich weise vor –
Der heißt ein ausgemachter Tor.
Dhammapada 63

Jack Welch, einst angesehener Vorstandsvorsitzender von General Electric, hat einmal gesagt: «Wenn Sie nicht verwirrt sind, wissen Sie nicht, was los ist.» Das ist eine durch und durch buddhistische Bemerkung. Wer vorgibt, Herr der Lage zu sein, hält sich selbst zum Narren. Geben Sie lieber Ihre Unwissenheit zu. Der Zen-Meister Shunryu Suzuki Roshi sagte gern, er wisse nicht, was er tue, als er ein riesiges Zen-Zentrum leitete. Die Menschen glaubten, er sei bescheiden, aber er sagte einfach nur die Wahrheit.

Weise Menschen sind bescheiden – sie wissen, dass sie nicht wissen. Menschen mit großem Ego sind töricht – sie wissen nicht, dass sie nicht wissen. Sie wissen nichts von ihrer eigenen Unwissenheit; sie sind Narren, die sich für weise halten. Darum sind sie doppelt töricht.

Buddha erinnert uns daran, uns unserer Dummheit bewusst zu sein. Akzeptieren Sie die Tatsache, dass es viel gibt, was Sie nicht wissen. Der Ort der Unwissenheit ist kein schlechter Ort – er besagt, dass Sie belehrbar und offen fürs Lernen sind. Sie können nicht belehrbar sein und gleichzeitig ein großes Ego behalten. Suzuki Roshi schrieb ein herrliches

Buch, *Zen-Geist, Anfänger-Geist,* in dem er uns lehrt, wie wir uns die Frische des Anfängers bewahren. Er wie Jack Welch behielten die Bescheidenheit von Anfängern. Gut für sie – gut für Sie.

Was würde Buddha tun, wenn er einen schrecklichen Chef hätte?

Behandle ich jemanden, wie er mich behandelt,
Wird er vernichtet, und ich werde frei sein.
Jataka 278

Wir hören immer wieder einen beruhigenden Refrain, wenn wir Buddhas Lehren studieren: Alles gleicht sich aus. Selbst ein schlechter Chef bekommt, was er verdient. Vielleicht legt er sich mit dem Falschen an und landet vor Gericht. Vielleicht kommen seine Untaten seinen eigenen Chefs zu Ohren, und sie entlassen ihn. Vielleicht verbünden sich seine Mitarbeiter gegen ihn und drehen den Spieß um. Vor allem aber wird er immer den höchsten Preis zahlen: Er wird sich mit *dukkha*, Unglück, umgeben.

Denken Sie daran, dass es nicht Ihre Aufgabe ist, das Gleichgewicht wiederherzustellen. Sie sollen nicht über Ihren Chef zu Gericht sitzen, selbst wenn er so schlimm ist, Sie dazu zu bringen, dass Sie es wollen. Halten Sie sich aus seinem Karma heraus, und kümmern Sie sich nur um Ihres. Leisten Sie gute Arbeit in Ihrem Beruf, seien Sie mitfühlend und kooperativ gegenüber Ihren Kollegen, gehen Sie der Gefahr aus dem Weg, und minimieren Sie den Kontakt zu Ihrem Chef, respektieren Sie ihn, wenn Sie mit ihm zu tun haben. Genau das weiß und tut Buddha. Er beschmutzt sich nicht mit Vergeltung, das hat er nicht nötig.

Wollen Sie wirklich ein guter Schüler von Buddha sein und etwas Schwieriges lernen, dann schlagen wir Ihnen etwas

Radikales vor: Lieben Sie Ihren schrecklichen Chef. Er ist ein mieser Lehrer, aber er kann Sie Dinge lehren, die Ihnen Ihre Freunde nie beizubringen imstande wären. Übrigens: Der Chef, der Liebe am wenigsten verdient, braucht sie am meisten.

MIT ANDEREN ARBEITEN

Einheit in der Vielfalt

Wie würde Buddha
Arbeitsbeziehungen pflegen?

Er gibt, was schwer zu geben ist; tut, was schwer zu tun ist;
erträgt, was schwer zu ertragen ist; seine Geheimnisse
vertraut er einem an; das geheim zu Haltende
hält er geheim; er verlässt einen nicht im Unglück;
er verachtet einen nicht, wenn man arm ist.
Anguttara-Nikaya 7,35

Der Weg zu erleuchteter Arbeit ist eindeutig nicht der leichte, bequeme Weg. Buddha weiß, wenn wir das Leiden überwinden und Glück finden wollen, müssen wir viele Dinge aufgeben, die uns zunächst ganz natürlich vorkommen. Als Menschen neigen wir dazu, alles auf die bequeme Weise zu tun, uns an Dinge zu klammern, die wir schätzen, Schmerz zu vermeiden, unsere Geheimnisse vor anderen zu verbergen, die Geheimnisse anderer auszuplaudern und Menschen aus dem Weg zu gehen, die einen geringeren Status haben oder durch irgendwelche Umstände ruiniert wurden. Doch wenn wir diesen Neigungen nachgeben, werden wir die Beziehungen zu anderen bei der Arbeit nicht pflegen. An so einem Arbeitsplatz ist uns «nur der Beste gut genug», und alle sind unglücklich.

Wenn ich gute Beziehungen zu meinen Kollegen haben will, sollte ich mich möglichst an Buddhas Unterweisung halten: anderen geben, selbst wenn ich egoistisch bin; schwere Aufgaben übernehmen, die gemacht werden müssen; mich mit Schwierigkeiten abfinden, ohne zu jammern; aufrichtig sein, meine Fehler zugeben und um Hilfe bitten; vertraulich Mitgeteiltes für mich behalten; Kollegen in Not helfen; und loyal gegenüber Freunden sein, denen ein Skandal oder Schande droht. Wenn ich das alles von anderen haben will, muss ich es zuerst ihnen geben.

Wie würde Buddha andere beeinflussen?

Er besitzt eine wunderbare Beredsamkeit,
wenn es um tiefe Wahrheiten geht.
Er ist äußerst geschickt darin, Standpunkte zu erklären
und Gegensätze miteinander zu versöhnen.
Seine Beredsamkeit ist nicht aufzuhalten,
sein Verstand unwiderstehlich.
Vimalakirtinirdesha-Sutra 5

Denken Sie an jemanden, auf den andere hören und den sie respektieren. Was macht diesen Menschen so einflussreich? Wenn er nicht zur Familie des Chefs gehört, gibt es dafür zwei Gründe: seine Kompetenz und seinen Charakter.

Wir respektieren jemanden, weil er kompetent und bei seiner Arbeit geschickt ist – er ist begabt, klug, gut ausgebildet und bringt Leistung.

Wir respektieren ihn auch, weil er einen guten Charakter hat, aufrichtig, mitfühlend, fleißig, verantwortungsbewusst, moralisch ist, die Initiative ergreift und ein guter Mensch ist.

Um wirklich Einfluss zu haben, müssen Sie kompetent sein und Charakter haben. Sie müssen Ihren eigenen Job kennen und darin gut sein – und Sie müssen ein rechtschaffener, guter Mensch sein. Wenn Sie dazu noch redegewandt sind, kann absolut nichts Sie in Ihrer Karriere aufhalten! Ihr Einfluss wird immens sein.

Wenn Sie nicht so redegewandt sind, wie Sie es gern wären, wird es vielleicht Zeit, an einem Kurs für Toastmaster (oder über Taoismus?) teilzunehmen.

Was würde Buddha davon halten, anderen einen Dienst zu erweisen?

*Geben ist der höchste Ausdruck des Wohlwollens
der Mächtigen. Selbst Staub, der in naiver Unwissenheit
gegeben wird, ist eine gute Gabe.
Weil ihre Wirkung so groß ist, ist keine Gabe,
die in gutem Glauben einem würdigen Empfänger
gegeben wird, gering.*
Jatakamala 3,23

Buddha lehrte auf einer tiefen Ebene, was wir alle seit Jahren zu hören bekommen: «Der gute Wille zählt.» Der Geist zählt. Ein großzügiger Geist findet immer etwas, das er geben kann.

Kluge Chefs wissen, dass Wertschätzung Mitarbeiter motiviert. Ein Lächeln, ein paar öffentlich geäußerte lobende Worte oder ein kleines Zeichen der Anerkennung – all das kann dazu beitragen, dass Menschen das Gefühl haben, man bringe ihnen Interesse und Anerkennung entgegen. Bedeutendere Geschenke können auch sehr wirkungsvoll sein, wenn sie in gutem Glauben gegeben werden. Aber seien Sie vorsichtig: Kleine Geschenke und Plunder erweisen sich oft als Bumerang, weil sie herablassend und oberflächlich wirken. Geschenke müssen dem Empfänger etwas bedeuten, sonst sucht er sofort nach der dahinter stehenden Absicht.

Kluge Mitarbeiter wissen, dass es auch in ihrer Macht steht, etwas zu geben. Wenn man dem Kunden eine kleine Gefälligkeit erweist, erzeugt dies Loyalität und stärkt die geschäftlichen Bande. Wenn man für einen Kollegen eine zusätzliche Arbeit übernimmt, zahlt man in die «zwischenmenschliche Bank» ein, und wenn Sie um etwas bitten, können Sie mit Wohlwollen rechnen. Aufmerksamkeit, Fürsorge und Interesse zu schenken stärkt das Verhältnis untereinander, und wer «einen draufsetzt», sorgt für Vertrauen, Teamwork und starke Moral.

Das ist überraschend einfach und leicht. Es gibt tausend Möglichkeiten, anderen einen kleinen Gefallen zu erweisen:

- Bringen Sie ein paar Blumen aus Ihrem Garten mit, und schenken Sie sie jemandem.
- Fragen Sie, was Sie tun können, um einem Kollegen zu helfen, der gestresst oder verzweifelt wirkt.
- Geben Sie Ihrem Boss einen Artikel, der ihn Ihrer Meinung nach interessieren würde.
- Geben Sie noch eine Kleinigkeit gratis, wenn ein Kunde einen Großeinkauf tätigt.
- Geben Sie noch eine Kleinigkeit gratis, wenn ein Kunde ein Problem hat.
- Bieten Sie an, länger zu bleiben, wenn ein wichtiger Termin gehalten werden muss.
- Erkundigen Sie sich nach dem Privatleben von Kollegen – zeigen Sie ihnen, dass Sie sich für sie als Menschen interessieren.
- Beteiligen Sie sich an Aktivitäten und Programmen, die Ihr Unternehmen sponsert, wie Jugendförderung, Blutspendekampagnen, Clubs für Jugendliche usw.
- Selbst gebackene Kuchen sind eine leckere Möglichkeit, «Danke für deine Hilfe» zu sagen.

Etwas Zusätzliches zu tun ist immer gut. Es hilft nicht nur anderen, sondern ist auch fabelhaft für Ihr Karma!

Was würde Buddha tun, wenn wir uns und andere mit zweierlei Maß messen?

Gar leicht ist anderer Vergehn,
Doch schwer das eigene zu sehn …
Dhammapada 252

Haben Sie schon einmal bemerkt, dass wir zweierlei Maßstäbe anlegen, wenn wir das Verhalten anderer und unser eigenes bewerten? Natürlich haben Sie es bemerkt, wenn andere das tun! Aber genau deshalb nehmen Sie es an sich selbst nicht wahr: Wir beurteilen uns nach unseren Absichten, andere dagegen nach ihrem Verhalten. Wie unfair! Und Buddha warnt uns genauso davor wie Jesus (siehe Matthäus 7,3).

Denken Sie darüber nach. Wir urteilen rasch über die Fehler und Irrtümer anderer, denn sie sind so leicht zu erkennen. Wir unterstellen ihnen überhaupt keine guten Absichten, weil wir ihre Gedanken nicht lesen können. Aber wenn es um unser eigenes Verhalten geht, wissen wir, dass wir es gut gemeint haben, und belohnen uns dafür. «Das war nicht meine Absicht – ich habe nicht gewollt, dass das passiert.» Wir versuchen unsere Fehler hinter unseren lauteren Absichten zu verbergen und erwarten, dass andere uns verstehen und uns vergeben.

Doch auch dies liegt an der irrigen Meinung, dass die Menschen voneinander getrennt seien, während wir doch in Wirklichkeit alle miteinander verbunden sind. Wenn wir je den Tag erleben, an dem wir kapieren, dass wir nicht getrennt sind, werden die zweierlei Maßstäbe verschwinden. Bis dahin, schlägt Buddha vor, sollten wir uns nicht mehr ärgern und im Zweifelsfall an die guten Absichten der anderen glauben.

Was würde Buddha über das Zuhören sagen?

Wer wenig Wissen hat erreicht,
Des Altern dem des Ochsen gleicht;
Des Fleisches Massen zwar gedeihn,
Die Weisheit aber bleibt nur klein.
Dhammapada 152

Gott gab uns zwei Ohren und nur einen Mund – wir sollten sie in diesem Verhältnis gebrauchen.» Viele erfolgreiche Führer wiederholen das, und ihr Erfolg spricht für die Wahrheit dieses Sprichworts.

Die am wenigsten entwickelte und viel zu selten genutzte Fähigkeit in Unternehmen jeder Art und Größe ist die Fähigkeit des Zuhörens. Es ist schon erstaunlich, wie viel Sie lernen, wie klug Sie werden können, indem Sie einfach nur zuhören. Glauben Sie, dass Buddha die Jahre vor der Erleuchtung mit Reden oder mit Zuhören verbracht hat?

Indem Sie persönlich zuhören, lernen Sie von anderen. Wenn wir in Gruppen zuhören, wenn die ganze Gruppe aufmerksam zuhört, lernen wir noch mehr. In Ratssitzungen nordamerikanischer Indianer zum Beispiel (deren Teilnehmer sich verpflichten, immer zuzuhören, wenn andere sprechen, und die daher ihre eigenen Worte nicht gedanklich vorwegnehmen können) erfahren wir etwas über andere, über uns selbst und über uns als Gruppe. Echtes Zuhören macht uns frei, auf diese neue Art zu lernen. Bemerkenswert.

Wie würde Buddha auf konstruktive Kritik reagieren?

Wenn ich ungefragt produktive Worte empfange,
Die mich auf nützliche, gekonnte Weise beraten,
Sollte ich sie dankbar annehmen, immer
Darauf aus, von allen Menschen zu lernen.
Bodhicharyavatara 5,74

Wenn die meisten von uns etwas hassen, dann unerbetene Ratschläge oder Kritik. Das verletzt unsere Gefühle; wir sind nicht bereit, darauf zu hören; wir haben niemanden um ein Feedback gebeten; und wir beben vor Groll. Was für eine erstaunliche Negativität steigt da auf! Diese Abwehrhaltung macht es uns schwer, aus dem unerbetenen Rat zu lernen.

Der große und mitfühlende Gelehrte Shantideva fordert Sie hier auf, Ihr Ich loszulassen und zu erkennen, wie wertvoll es ist, sich die Meinung anderer Menschen anzuhören, vielleicht gerade dann, wenn Sie sie nicht danach gefragt haben. Wenn Sie dem Groll freien Lauf lassen, lernen Sie von niemandem. Wenn Sie dankbar sind, lernen Sie von jedem. Wenn Sie wirklich weise sein wollen, werden Sie jeden für Ihren Lehrer halten. Und die wichtigsten Lektionen, die Sie lernen müssen, können aus ganz unwahrscheinlichen Quellen stammen. Hören Sie genau zu, wenn jemand Sie ermahnt – vielleicht spricht Buddha zu Ihnen.

Was würde Buddha tun, wenn er einen Kollegen zu unterrichten oder auszubilden hätte?

Ich dürfte den Weg nicht bloß mit dem Finger zeigen,
Vielmehr, mittels einer respektvollen Geste,
Den ganzen Arm ausstreckend,
Sollte ich den Weg weisen.
Bodhicharyavatara 5,94

Das Wichtigste, an das wir denken sollten, wenn wir jemand anderen ausbilden oder unterrichten, ist die Achtung. Vor allem müssen Sie den Lernenden achten und die Tatsache akzeptieren, dass er genau da ist, wo er sich gerade auf seinem spirituellen Weg befindet. Wenn Sie ihn unterrichten wollen, müssen Sie ihm dort begegnen, wo er ist. Dann laden Sie ihn ein, den Weg weiter zu beschreiten, indem er lernt, was Sie als Lehre anbieten. Sagen Sie ihm nicht, was er tun soll – laden Sie ihn vielmehr ein zu tun, was Sie ihm vorschlagen.

Es steht in der Macht jedes Lernenden, lernen zu wollen oder sich zu verweigern. Der Lehrer kann ihn nicht steuern. Der weise Lehrer oder Chef erkennt dies an und akzeptiert die Entscheidung des Lernenden. Wenn Sie anderen helfen wollen, den Weg der erleuchteten Arbeit zu gehen, laden Sie sie ein – fordern Sie sie nicht dazu auf. Manchmal ist es schwer, diesen Weg zu gehen. Akzeptieren Sie es, indem Sie selbst ein wenig Energie entwickeln; und ehren Sie den Lernenden, indem Sie ihm stets Respekt erweisen.

Wann würde Buddha jemanden kritisieren?

Indem er kritisiert, hofft der Lehrer zu lehren.
Das ist alles.
Zen-Meister Bankei

Bankei hatte in jahrelanger Ausbildung seinen Buddha-Geist kultiviert, und natürlich war er selbst ein Lehrer. Er wusste, wie schwer es ist, sich zu ändern und anderen dabei zu helfen, sich zu ändern. Er wusste, dass es in diesem Prozess Zeiten gibt, da Kritik notwendig ist, und hier sagt er, wie sie zu üben ist. Seine Lehre ist einfach, aber stark.

Wenn der Lehrer einen anderen kritisiert, hofft er immer zu lehren. Das ist es. Der Lehrer kritisiert nie, um Recht zu haben, um mit seiner Weisheit anzugeben oder seine Überlegenheit zu demonstrieren. Er kritisiert nur, um zu lehren. Wenn Sie den Geist des Lehrens nicht bewahren können, während Sie kritisieren, sollten Sie nicht kritisieren.

Wenn Sie den Impuls spüren zu kritisieren, fragen Sie sich: «Will ich etwas lehren? Bin ich frei von allen anderen Motiven als dem des Lehrens?» Sie könnten die Person lehren, die Sie kritisieren, oder jemand anderen, der lernen muss, und Sie sollten sich immer selbst lehren, indem Sie aus Ihren Handlungen lernen. Aber wenn Ihre Antwort nicht aufrichtig und prompt lautet: «Ja, ich kritisiere einfach, um zu lehren», sollten Sie den Mund halten.

Natürlich kommt es bei dieser ganzen Überlegung darauf an, dass der Empfänger Ihrer Kritik offen und bereit für diese ist. Ignorieren Sie das nicht. Gehen Sie nicht davon aus, dass jeder daran interessiert ist, aus Ihren Erkenntnissen und Bemerkungen zu lernen. Schlüpfen Sie nicht einfach bei jedem, den Sie kennen, in die Rolle des Lehrers, geschweige denn in die des Kritikers. Das gilt besonders bei Ihren Kollegen und Chefs. Wenn Sie ein Abteilungsleiter oder Manager sind, ist es Ihre Aufgabe, Ihre Mitarbeiter zu kritisieren, falls ihnen das dabei hilft, ihre Sache besser zu machen. Aber bei allen anderen sollten Sie so vorgehen: «Mir fällt da etwas ein, was Ihnen helfen könnte. Wollen Sie meine Meinung hören?» Wenn sie «Ja» sagen, können Sie sie kritisieren und ihnen helfen zu lernen. Wenn sie «Nein» sagen, vergessen Sie es.

Wie würde Buddha andere Menschen ermutigen, persönlich die Verantwortung zu übernehmen?

Nicht zeihe andre dessen man,
Was sie getan und nicht getan,
Man forsche bei sich selber nach,
Was man versäumte und verbrach.
Dhammapada 50

Was Buddha wirklich gut kann, ist, uns zu lehren, dass wir für unser eigenes Leben verantwortlich sind. In jeder Situation können wir uns entscheiden, ob wir die Rolle des Opfers spielen und anderen die Schuld geben oder ob wir uns das Problem zu Eigen machen und so die Verantwortung für die Lösung übernehmen wollen.

Buddha betont, dass es nicht in unserer Macht steht, andere zu ändern. Wir können ja uns selbst kaum ändern! Es bringt nichts, sich auf die Schwächen und Fehler anderer zu konzentrieren, wenn man nicht in der Lage ist, etwas dagegen zu tun. Lassen wir uns nicht beirren – für die meisten von uns gibt es genügend im Hinblick auf uns selbst zu tun.

Am besten kehren wir vor unserer eigenen Tür und überlassen es anderen, vor ihrer Tür zu kehren. Wenn Sie persönlich die Verantwortung für sich übernehmen, können Sie am besten ein Beispiel geben und andere ermutigen, ihm zu folgen. Das hat Buddha getan. Er lebte sein Leben in voller Verantwortlichkeit und war schließlich umgeben von Menschen, die auf die gleiche Weise lebten.

UMGANG MIT SCHWIERIGEN MENSCHEN

In allen Lebewesen
Buddha sehen

Wie würde Buddha
mit Trotteln umgehen?

Aufgrund unserer eigenen Lügen und Tratschereien bekommen
wir es mit schlechten Arbeitern und miesen Leuten zu tun.
Unsere Schüler, unsere Helfer oder unsere Mitarbeiter –
sie alle streiten mit uns. Sie widersprechen uns, ohne uns
Aufmerksamkeit zu schenken. Sie tun so, als würden sie nichts
verstehen, bis wir alles zwei- oder dreimal wiederholt haben;
dann ärgern sie sich über unseren Ton und geben uns
Widerworte und machen die Arbeit, wann es ihnen passt.
Wenn sie schließlich fertig sind, kommen sie nicht bei uns vorbei,
um es uns zu sagen, und sind weiter gehässig und wütend.
Dzogchen Kunzan Lama 83

Wieso sind wir bloß in diese entsetzliche Lage geraten? Warum ist die Welt so unfair?

Buddha dreht den Spieß um. Sie wollen wissen, warum alle Sie so schlecht behandeln? Weil Sie schon viel früher damit angefangen haben. Jeder weiß: «Wie es in den Wald hineinschallt, so schallt es heraus.» Dieses Sprichwort trifft nicht nur auf andere zu, sondern gerade auch auf Sie. Mit Ihrer eigenen Feindseligkeit, Ihrer eigenen Doppelzüngigkeit begann der Zyklus, der zu Ihrer derzeitigen Lage führte. (Uns ist schon klar, das ist nicht das, was Sie hören wollten.)

Vielleicht wissen Sie ja nicht einmal mehr, wie es anfing. Vielleicht glauben Sie, Sie hätten diese Menschen nie schlecht behandelt. Vielleicht haben Sie damit sogar Recht. Aber können Sie ehrlicherweise sagen, Sie hätten nie in einer

Arbeitssituation gelogen? Können Sie behaupten, Sie hätten nie Klatsch über jemanden verbreitet und Dinge gesagt, die verletzend waren? Wir glauben das nicht. Es gibt keine Unschuldigen unter uns. Menschen sind für uns Trottel, weil wir irgendwann einmal Trottel für andere gewesen sind. Andere Menschen sind einfach Spiegel unserer selbst.

Buddha erklärt Ihnen also, warum Sie mit diesen schlechten Beziehungen konfrontiert werden. Was sollen Sie nun damit anfangen? Das ist einerseits ganz einfach, aber auch sehr schwierig. Sie haben diesen negativen Zyklus begonnen, und Sie werden ihn beenden müssen. Wenn Sie mit Gemeinheit konfrontiert werden, seien Sie mitfühlend. Wenn Sie Unaufmerksamkeit erleben, konzentrieren Sie sich auf das, was diese Menschen wirklich denken. Wenn Sie wegen irgendwelcher Verspätungen warten müssen, bewahren Sie die Achtsamkeit für Ihre inneren Reaktionen. Wenn Sie keinen Dank ernten, denken Sie daran, dass Ihr Lohn diese wertvolle Lektion ist.

Dies ist ein schwieriger Weg – wir wissen das, da wir ihn selbst gegangen sind. Aber er dauert nicht ewig, und wenn Sie ihm folgen, können Sie Ihren künftigen Weg dramatisch verändern. Lassen Sie sich nicht auf Ihren Zorn oder den Zorn anderer ein, halten Sie einfach den Mund, und tun Sie das Richtige. Das ist der Weg des Bodhisattva.

Was würde Buddha mit Kollegen machen, die lügen?

Tiere drücken ihre wahren Gefühle in ihren Schreien aus.
Nur Menschen sind geschickt genug, die Wahrheit zu verbergen.
Jatakamala 22,19

Das Selbstbewusstsein ist für uns Menschen Segen und Fluch zugleich. Wir fühlen, doch wir haben die Fähigkeit, neben uns selbst zu stehen, zu fühlen, dass wir etwas fühlen, und uns zu entscheiden, ob wir es andere wissen lassen sollen oder nicht. Mit anderen Worten: Wir haben immer die Wahl, unsere Gedanken und Gefühle oder etwas anderes auszudrücken.

Diese Fähigkeit der Verstellung bereitet bei der Arbeit viele Schwierigkeiten. Menschen lügen, wenn sie meinen, sie müssten die Wahrheit verbergen. Sie glauben vielleicht, wenn sie dem Chef widersprechen, könnte das ihrer Karriere schaden. Solche Überzeugungen lehren uns zu lügen. Am Ende gibt es Unternehmen voller Menschen, die einander belügen. Es ist schwer, erleuchtet und wach zu sein, wenn Sie im Hinblick auf das, was Sie sehen und denken, lügen müssen.

Buddha hätte Mitgefühl angesichts all dieser Lügen. Ihm wäre klar: Kollegen, die lügen, sind keine schlechten Menschen, sie leben nur schon so lange in einem Umfeld der Lüge, dass sie nicht merken, wie sehr ihnen dies schadet. Buddha würde Chefs auffordern, ihre Unternehmen umzuwandeln, indem sie Menschen dafür belohnen, dass sie die

Wahrheit sagen, egal, wie bitter sie ist, und indem sie Lügen nicht belohnen, egal, wie süß sie sind. Er würde den Arbeitnehmern sagen, sie sollten ihre Rechtschaffenheit nicht für ihr Gehalt verkaufen. Diesen Preis ist kein Geld der Welt wert. Buddha würde uns alle einladen, die Klarheit von Tieren nachzuahmen – zu sagen, was wir meinen, und zu meinen, was wir sagen.

Wie würde sich Buddha Menschen gegenüber verhalten, die nicht tun, was sie predigen?

Wenn einer noch so viel vom Schriftwort handelt
Und lässig lebend selbst nicht danach wandelt,
So zählt als Hirt er gleichsam Kühe andrer
Und hat nicht Teil am Wesen frommer Wandrer.
Dhammapada 19

Dass Menschen, die nicht praktizieren, was sie predigen, in der Kritik stehen, ist nichts Neues, wie das obige Zitat belegt.

Was aber sollen wir dagegen tun? Überhaupt nichts. Jemand, der nicht ist, was er zu sein scheint, wird irgendwann mit leeren Händen dastehen. Manche Menschen halten sich nicht an ihre Prinzipien, weil niemand sie dafür zur Rechenschaft zieht. Andere finden es einfach leichter, sich nicht darum zu scheren.

Kümmern Sie sich nicht um deren Gründe. Sorgen Sie nur dafür, dass Sie so handeln, wie Sie reden. Wenn Sie darauf achten, dass sich Ihre Worte und Ihre Taten decken, wird Ihre Rechtschaffenheit nicht zu erschüttern sein, und Sie werden erkennen, dass für Sie immer etwas auf dem Spiel steht: Ihr Leben.

Was würde Buddha
gegen üble Nachrede unternehmen?

Ein böser Mensch, der einen guten verleumdet,
ist wie jemand, der gen Himmel blickt und spuckt.
Seine Spucke wird den Himmel nie erreichen –
sie fällt in sein Gesicht zurück.
«Sutra in 42 Abschnitten» 8

Wenn jemand schlecht über Sie spricht, mag es schwierig für Sie sein, daran zu denken, dass dies langfristig auf den Menschen zurückfällt, der über Sie herzieht. Buddha hilft Ihnen dabei, das richtige Augenmaß zu bewahren. Vielleicht wünschen Sie sich, dass der Verleumder seine Quittung so schnell bekommt wie der Mensch, der gen Himmel spuckt. Hören Sie auf, Ihre Zeit mit solchen Gedanken zu verschwenden.

Buddhas Gleichnis sagt uns noch etwas anderes Wichtiges über diese Situation. Wenn jemand über Sie herzieht, sind Sie wie der dort angesprochene Himmel. Spuckt denn der Himmel auf den Verleumder? Nein. Es ist die eigene Spucke, die auf den Verleumder fällt.

So verhält es sich auch, wenn jemand schlecht über Sie spricht. Zahlen Sie nicht mit gleicher Münze zurück. Begeben Sie sich nicht auf sein Niveau. Überlassen Sie es einfach der Schwerkraft – die üble Rede fällt schon auf ihren Urheber zurück.

Buddha wusste dies nur zu gut: Ständig zogen Vertreter anderer Religionen über ihn her. Er scherte sich einfach nicht darum. Und die Dinge entwickelten sich für ihn doch nicht schlecht, oder? (Und Sie brauchen nicht erst zur himmlischen Reinheit Buddhas aufzusteigen – Sie müssen lediglich darauf achten, dass Sie nicht angespuckt werden.)

Wie würde Buddha auf Kränkungen reagieren?

> «Er schmähte, schlug, besiegte mich,
> Was mir gehört, das nahm er sich»,
> Trägt einer so dem andern nach,
> Dann bleibt die Zwietracht immer wach.
> «Er schmähte, schlug, besiegte mich,
> Was mir gehört, das nahm er sich»,
> Trägt keiner so dem andern nach,
> Schläft ein die Zwietracht allgemach …
> Durch Nichtfeindsein hört Feindschaft auf,
> Das ist seit je der Dinge Lauf.
> *Dhammapada 3–5*

Konflikte gehören zum Berufsleben. Wenn Menschen ihren Wünschen und Sympathien folgen, verletzen sie einander zwangsläufig. Aber dass Konflikte naturgegeben sind, heißt nicht, dass wir nichts dagegen tun sollten.

Wie also ist mit Kränkungen und Konflikten am Arbeitsplatz umzugehen? Wenn andere uns gegenüber feindselig sind, wollen wir es ihnen natürlich heimzahlen, aber Buddha sagt, wir sollten dieser Neigung widerstehen. Die Feindseligkeit anderer Menschen hat oft nichts mit uns zu tun – sie handeln einfach nur ihrem Karma entsprechend. Wenn wir dem Zorn anderer mit unserem eigenen Zorn begegnen und uns damit ihrem negativen Karma anschließen, gießen wir bloß Öl ins Feuer und gefährden alle, auch uns selbst.

Stattdessen rät Buddha uns, den hohen Weg zu gehen –

auf die Feindseligkeit anderer mit Mitgefühl und Versöhnlichkeit zu reagieren. Zu allen Zeiten haben weise Lehrer die Position Buddhas vertreten: Jesus, Gandhi, Martin Luther King und viele andere in anderen Kulturen. Der lindernde Balsam bedingungsloser Liebe und rückhaltlosen Verständnisses ist das Einzige, das die Feindseligkeit in anderen besänftigt.

Ist dies eine schwer zu befolgende Anweisung? Natürlich. Schließlich sind wir Menschen, und Buddha weiß dies. Aber einen Groll zu hegen, weil jemand anders uns kränkt, ist so, als würde man Gift schlucken und hoffen, der andere werde sterben. Und wenn wir rachsüchtig handeln – Auge um Auge –, führt uns das nur zu einem Königreich der Blinden. Wir müssen vergeben und die Rache bleiben lassen – sonst werden wir zu Gefangenen unseres eigenen Zorns. Ertränken Sie Ihren Hass in den Wassern der Liebe. Das geht langsam, ist aber süß.

Was würde Buddha im Falle von Affären am Arbeitsplatz tun?

Vier üble Dinge werden die verspüren,
Die grundsatzlos ein fremdes Weib verführen:
Die Sündenlast, ein unbehaglich Schlafen,
Den Tadel drittens, viertens Höllenstrafen.
Dhammapada 309

Buddha würde über sexuelle Affären am Arbeitsplatz dasselbe sagen wie über dergleichen sonstwo: Ehebrecherische Aktivitäten kommen die in verbotener Liebe Verbundenen teuer zu stehen. Der obige Text deutet an, was dem männlichen Partner widerfährt, aber wir können mit Sicherheit annehmen, dass die Partnerin einen ähnlichen Preis zu zahlen hat.

Erstens werden sich die Liebenden sofort erniedrigt fühlen und den Respekt derer verlieren, die über die Affäre Bescheid wissen. Zweitens werden die Liebenden keinen Schlaf finden wegen ihrer Gewissensbisse und wegen der Besorgnis, dass ihre Ehepartner und andere von der Affäre erfahren könnten. Drittens besteht die Gefahr, getadelt zu werden. Es ist nicht unüblich, dass der eine oder der andere Partner gezwungen wird zu kündigen, wenn die Affäre bekannt wird und der Chef (oder die Personalabteilung) davon erfährt. Ehebrecherische Affären kommen ein Unternehmen teuer zu stehen – sie schaden der Moral, der Aufmerksamkeit und der Produktivität.

Schließlich werden die Liebenden den Preis der Hölle

zahlen. Nicht unbedingt den der Hölle mit Feuer und Schwefel, die von diesem roten Typen mit Schwanz und Hörnern regiert wird, sondern den der höllischen Falle von Verlangen, Bindung, Betrug, Lügen, gebrochenen Gelübden und vielem mehr. Wir leben in der Hölle, wenn wir den Weg des Erwachens verschmähen und uns stattdessen dafür entscheiden, Sklaven unserer Begierden zu sein.

Buddha würde kein Blatt vor den Mund nehmen, um den Liebenden die Konsequenzen ihres Tuns klarzumachen. Sein eigener Tadel wäre zwar mitfühlend, aber das würde an den Folgen für diese Menschen schwerlich etwas ändern.

Wie würde Buddha mit selbstgerechten «Experten» umgehen?

Ein gebildeter Mensch, der mit all seiner Bildung
jemanden verachtet, der nie zur Schule ging,
ist genau wie ein Blinder im Dunkeln,
der eine Lampe herumträgt, die er nicht sehen kann.
Theragatha 1026

Ist das nicht ein herrliches Bild? Buddha beschreibt voller Humor die Arroganz von Narren. Rasch lässt er die Blase des Ich platzen, wo er sie gewahrt, denn er weiß, das Ich ist die Antithese zu erleuchteter Arbeit. Die intellektuell Unbedarften sind die wahrhaft Blinden. Buddha hatte mit ihnen überhaupt keine Geduld.

Manchmal hat ein Mensch mit sehr geringer Bildung die besten Ideen. Bildung, die immer «Recht» haben will, kann Neugier und Kreativität ersticken und aus dem Gebildeten einen Rüpel machen. Wenn Sie glauben, bereits alles zu wissen, sind Sie nicht mehr offen dafür, irgendetwas zu lernen. Wie Jesus sagte: Wer Augen hat, lasse sie sehen. Es bedarf keines akademischen Grads, um eine Lampe zu entzünden – Sie müssen nur die Augen öffnen.

Was würde Buddha mit Nörglern und negativen Menschen anstellen?

Man suche niedrigen Verkehr
Und Schlechter Freundschaft nimmermehr,
Der Guten, Edlen Freundschaft soll
Man immer pflegen eifervoll.
Dhammapada 78

Buddha nimmt kein Blatt vor den Mund: Meiden Sie Nörgler, chronische Miesmacher und andere negative Menschen wie die Pest. Warum? Weil sie ansteckend sind. Wie Betrunkene wollen, dass Sie auch betrunken sind, wenn Sie mit ihnen zusammen sind, wollen Nörgler, dass Sie in ihre Nörgelei einstimmen. Wie leicht kann man in die negative Energie negativer Menschen hineingesogen werden – wir alle haben Frustrationen und können uns über unsere Arbeit beklagen, und manchmal scheint es sogar Spaß zu machen, sich all dem Zynismus und Zorn anzuschließen. Aber tun Sie es nicht. Widerstehen Sie der Rudelmentalität, die diese negativen Menschen in Schakale verwandelt. Suchen Sie, wenn es sein muss, das Weite.

Halten Sie vielmehr nach positiven Menschen Ausschau. Stellen Sie eine Liste der an Ihrem Arbeitsplatz am meisten bewunderten Leute zusammen, und versuchen Sie, ein wenig Zeit mit ihnen zu verbringen. Denken Sie daran: Auch sie wollen ihre Zeit mit ernsthaften Menschen verbringen – also mit Ihnen. Beobachten Sie sie zumindest, und versuchen Sie, von ihnen zu lernen.

Tun Sie sich mit aufrichtigen Menschen zusammen, mit guten Menschen, mit Menschen, die in ihrem Job gut sind. Wenn Sie wirklich eine gute Zukunft vor sich haben wollen, halten Sie sich bei den Besten auf. Warum? Weil auch das ansteckend ist.

Was würde Buddha tun, wenn es einen Konflikt zwischen ihm und einem Teamkollegen gäbe?

Wenn es in deiner Familie zu einem Konflikt kommt,
gib anderen nicht die Schuld. Suche vielmehr
in deinem eigenen Denken und Handeln die Ursache,
und bemühe dich dort um die Lösung.
Anguttara-Nikaya 3,31

Frieden in einem Team ist, wie Frieden in einer Familie, wichtig für das Wohlbefinden des Einzelnen wie der Gruppe. Jemand anderem die Schuld zu geben bringt überhaupt nichts – ja, es macht alles noch schlimmer. Wenn Sie glauben, dass das Problem bei jemand anderem liegt, dann muss auch die Lösung dort liegen. Sie können da nichts machen; Sie sind ohnmächtig. Das ist kein Zustand. Doch wenn Sie sich das Problem zu Eigen machen, dann beginnen Sie sich die Lösung zu Eigen zu machen. Sie werden an Dinge denken, die Sie tun können, um es besser zu machen (egal, was der andere tut).

Wenn es zu einem Konflikt im Team kommt, fragen Sie sich: «Wie habe ich diese Situation mit herbeigeführt?» Sie wissen, dass zum Tangotanzen zwei gehören – es ist zweifelhaft, dass Sie jemals bloß ein unschuldiges Opfer sind. (Und wenn Sie tatsächlich ein unschuldiges Opfer sind, lassen Sie diese Rolle jetzt fallen. Machen Sie sich das Problem zu Eigen, und tun Sie alles, um es zu beenden.) Überlegen Sie sich, was Sie tun können, um zu einer Lösung beizutragen.

Opfer machen Schuldzuweisungen, Gewinner machen alles besser. Wollen Sie am Ende lieber der sein, der moralisch im Recht ist, oder der, der das Problem behoben hat? (Ein Tipp: Wer, meinen Sie, ist Ihrer Firma lieber?)

KUNDEN LIEBEN ODER VERLIEREN

Kundendienst als Bodhisattva-Praxis

Was würde Buddha über die Bedeutung des Dienstes am Kunden sagen?

*Möge ich in vielerlei Hinsicht eine Stütze
für alle Lebewesen im ganzen Universum sein,
solange alle noch nicht zufrieden sind!*
Bodhicharyavatara 3,22

Buddha lehrte, dass die wahre Arbeit darin besteht, anderen zu dienen, ganz gleich, welche Art von Beruf wir zufällig haben. Denn indem wir anderen dienen, überwinden wir unsere natürliche Selbstbezogenheit. Das ist die wahre Arbeit der ganzen Welt, denn durch sie entkommen wir gemeinsam Dukkha (dem Leiden). Solange wir auf uns selbst konzentriert sind, verspüren wir weiterhin die Anziehungskraft von Begierden und Bindungen; aber wenn wir unsere Aufmerksamkeit den Bedürfnissen anderer zuwenden, finden wir Glück und werden von unserem endlosen Wollen befreit.

Heute würde Buddha uns sagen, dass Kundendienstmitarbeiter die wichtigsten Menschen in unserem Unternehmen sind. Wenn die Firma dazu da ist, den Bedürfnissen von Klienten oder Kunden zu dienen (und wozu sonst würde ein Unternehmen existieren?), müssen ihre wichtigsten Mitarbeiter die sein, die jenen am direktesten dienen. Dies trifft auf ein gewinnorientiertes Unternehmen genauso zu wie auf eine Non-Profit-Gruppe oder eine Behörde. Kundendienst ist die reinste Form des rechten Lebensunterhalts. Und der rechte Lebensunterhalt ist von zentraler Bedeutung für den Weg Buddhas.

Anderen zu dienen verwandelt Ihr Unternehmen, während es die Welt verwandelt. Wenn Sie sich eines übellaunigen, unzufriedenen Kunden annehmen und sein Problem lösen, werden Sie aus ihm einen loyalen Kunden machen. Er wiederum wird anderen davon erzählen, wie Sie ihm geholfen haben, und sie werden auch zu Ihnen kommen. Und wenn Sie sie gut behandeln, werden sie wieder anderen davon erzählen, und das wird sich rasch herumsprechen und Ihrem Unternehmen zugute kommen, während Sie einfach die Bedürfnisse von Menschen befriedigen.

Wenn alle Unternehmen und Organisationen es als ihre vordringliche Aufgabe ansähen, anderen zu dienen, würde die Welt tatsächlich verwandelt werden – und damit auch ihre Bilanzen!

Wie würde Buddha
Kundendienstmitarbeiter ermutigen?

Es ist ganz klar, dass jeder Mensch Seelenfrieden braucht.
Die Frage lautet dann, wie er ihm zu verschaffen ist.
Durch Zorn jedenfalls nicht – durch Freundlichkeit,
durch Liebe, durch Mitgefühl können wir einem Menschen
Seelenfrieden verschaffen.
Dalai Lama

Buddha weiß, dass Kundendienst harte Arbeit ist – weil es so leicht ist, uns unsere gute Laune, unsere geistige Verfassung von der Negativität anderer kaputtmachen zu lassen. Buddha würde Kundendienstmitarbeiter daran erinnern, dass das Zentrum des Buddhismus und von uns selbst das Mitgefühl ist. Beim Kundendienst müssen wir unseren Kunden Seelenfrieden verschaffen, und zwar durch Freundlichkeit und Mitgefühl.

Erleuchtete Arbeit ist normale Arbeit, die mit einem erleuchteten Geist getan wird. Auf nichts trifft dies mehr zu als auf den Kundendienst. Hier ist die richtige Einstellung alles. Sie können ja versuchen, sich um Ihre Kunden mit einem gelangweilten, zerstreuten oder verärgerten Geist zu kümmern, aber das wird Ihnen und den Kunden keine Freude machen. Dienen Sie Ihren Kunden – so werden Sie in Ihrer Arbeit Erfüllung finden, und auch Ihre Kunden werden zufrieden sein. Wenn Sie dies tun, kann der Mensch, der Seelenfrieden findet, der Kunde sein – und auch Sie selbst.

Und wenn Sie sich nun nicht so großartig fühlen oder

einen schlechten Tag haben? Buddha würde sagen: «Handeln Sie, bis Sie zu einer positiven Einstellung gelangt sind.» Versuchen Sie, Ihre unangenehmen Gefühle durch angenehme Handlungen umzuwandeln. Der kürzeste Weg ist das Dienen. Wenn Sie Ihrem Kunden den Tag retten, werden Sie den Ihren retten.

Was würde Buddha im Umgang mit verärgerten Kunden tun?

*Wer, Brahmane, einen, der schmäht, wieder schmäht –
einen, der schilt, wieder schilt – einen, der schimpft,
wieder beschimpft – der, Brahmane, heißt einer,
der (mit dem anderen) zusammen speist, mit ihm verkehrt.
Wir aber speisen mit dir nicht zusammen, verkehren nicht
mit dir: es fällt auf dich zurück, Brahmane! –
es fällt auf dich zurück, Brahmane!*

Samyutta-Nikaya 7,2

Buddha weiß, dass der Zorn eines Kunden nicht persönlich gemeint ist, selbst wenn er sich gegen Sie richtet und Ihnen persönlich vorkommen könnte. Ein zorniger Kunde ist eigentlich zornig wegen der Situation – Sie sind zufällig die Person, mit der er spricht, also bekommen Sie natürlich den Zorn ab. In diesem Fall ahmt Buddha die Tiere nach: Er lässt den Zorn seinen Rücken hinabrollen, so wie Wasserperlen von einer Ente rollen. Es ist nicht Ihr Zorn, Sie müssen ihn nicht annehmen. Was für eine Erleichterung!

Gleichzeitig würde Buddha das Problem des Kunden nicht seinen Rücken hinabrollen lassen. Buddhas Lebenszweck war es, anderen zu helfen, daher würde er sofort alles tun, was er könnte, um dem Kunden zu helfen. Der Buddhismus ist auf dieser Ebene ganz praktisch, indem er betont, dass die Arbeit des Augenblicks getan werden muss.

Buddha hatte zwar keine Kunden in dem Sinne, wie unsere Unternehmen und Organisationen sie haben, doch als

Leiter einer großen Institution lauschte er den Beschwerden und reagierte auf sie. Davon ausgehend, können wir einige Vorschläge für den Umgang mit zornigen Kunden auflisten:

- Erstens: Seien Sie mitfühlend. Der Kunde ist frustriert, zornig, enttäuscht und aufgeregt. Erwidern Sie Zorn nicht mit Zorn. Reagieren Sie auf Zorn mit Mitgefühl. Dies ist eine gute Übung für Ihre eigene Reise.
- Danken Sie dem Kunden dafür, dass er mit seinem Problem zu Ihnen gekommen ist. Ihre Mission in erleuchteter Arbeit ist das Dienen, und Sie können nicht zu Diensten stehen, wenn es keine Probleme zu beheben gibt. Der Kunde hat Ihnen ein Geschenk gebracht, eine Chance, ihm zu helfen. Behandeln Sie seine Beschwerde als das Geschenk, das sie in Wahrheit ist.
- Hören Sie sich genau an, was der Kunde Ihnen berichtet. Während Sie zuhören, sieben Sie die Worte und trennen die Fakten von den Gefühlen. Sie müssen auf die Fakten wie auf die Gefühle eingehen, wenn Sie den Kunden wieder glücklich machen wollen. Nur auf eine Seite zu reagieren genügt nicht.
- Machen Sie sich Notizen, wenn es angebracht ist, wobei Sie erklären, dass Sie sichergehen wollen, die richtigen Informationen zu bekommen, damit Sie helfen können.
- Betonen Sie das, was Sie tun können, nicht das, was Sie nicht tun können. Weisen Sie auf das hin, was möglich ist, nicht auf das, was unmöglich ist. Der Kunde hat genug Erfahrung mit Negativem – gehen Sie vom Positiven aus.
- Versichern Sie sich der Hilfe anderer, wenn Sie sie brauchen. Vielleicht benötigen Sie die Unterstützung einer

anderen Abteilung, eines Kollegen oder Ihres Chefs. Das könnte sogar eine emotionale Hilfe sein, eine Atempause. Das ist okay.

- Geben Sie dem Kunden Erklärungen und unterrichten Sie ihn, während Sie fortfahren, mit ihm zu interagieren. Sie können ihm Dinge beibringen, die es ihm ermöglichen zu verhindern, dass das Problem in Zukunft wieder auftritt. Dies ist ein Segen, den Sie der ganzen Welt erteilen.

- Verpflichten Sie sich zu dem, was Sie tun können. Seien Sie sich über das im Klaren, was der Kunde wann erwarten kann. Seien Sie bescheiden, was Ihre Verpflichtung angeht – verpflichten Sie sich nicht zu etwas, das Sie mit Sicherheit nicht leisten können. Am besten ist es immer, wenn Sie weniger versprechen und mehr halten.

- Danken Sie dem Kunden erneut für die Gelegenheit, die er Ihnen gab, ihm zu dienen.

- Bleiben Sie am Ball. Halten Sie sich an Ihre Verpflichtung – tun Sie, was Sie versprochen haben, und informieren Sie den Kunden, wenn sich irgendetwas ändert.

Und denken Sie daran: Probleme mögen gelöst werden, aber sie werden immer nur ersetzt. Sie sind endlos. Letzten Endes ist Ihr Fortschritt Ihre wahre Arbeit.

Was würde Buddha über einen schlechten Kundendienst sagen?

Des Leidens gewahr, das durch Ausbeutung, soziale Ungerechtigkeit, Diebstahl und Unterdrückung verursacht wird, gelobe ich, Güte zu bewahren und nach Möglichkeiten zu suchen, wie ich für das Wohlbefinden von Menschen, Tieren, Pflanzen und Mineralien wirken kann …
Die Zweite Regel, wie sie vom Tiep-Hien-Orden rezitiert wird

Ungeachtet der unzähligen Bücher und Seminare zum Thema Kundendienst hat es den Anschein, als hätten viele Menschen und Unternehmen noch immer nicht begriffen, worauf es ankommt. Ja, manchmal hat man den Eindruck, dass der Kundendienst schlechter statt besser wird! Warum ist dies so, und welche Abhilfe würde Buddha vorschlagen?

Buddha würde uns daran erinnern, dass die meisten Menschen aus Unwissenheit heraus handeln (dem dritten Gift neben Gier und Hass). Sie erkennen nicht das wahre Wesen der Dinge, besonders an sich selbst. Ihre falsche Wahrnehmung lässt sie glauben, sie wären getrennt von allen anderen und müssten ums Überleben kämpfen. Wenn sich Menschen im «Überlebensmodus» befinden, werden sie alle Mittel einsetzen, einschließlich Ausbeutung, Diebstahl und Unterdrückung. Also genau das, wovor uns die Zweite Regel warnt.

Unternehmen verhalten sich wie Menschen, wenn es ums Überleben geht. Sie tun die gleichen Dinge, und sie ermutigen auch ihre Mitarbeiter dazu. Sie sind nicht nur doppelzüngig hinsichtlich ihrer Beziehungen zur Konkurrenz – sie gehen auch mit ihren Kunden so um! Daher gibt es Menschen, die lügen, um etwas zu verkaufen, Garantiescheine mit vielen Ausnahmebestimmungen, betrügerische Geschäfte, schlechte Ware, billige Imitate, die als echt verkauft werden, schludrige Arbeit, Werbung, die nicht der Wirklichkeit entspricht, und so weiter. Das Prinzip, um jeden Preis überleben zu wollen, ist mit schrecklichen Sozialkosten verbunden, bei uns und leider vor allem in den Entwicklungsländern. Auch der Preis, den der Einzelne zahlen muss, ist happig.

Nur indem wir im anderen das Selbst erkennen, können wir dem Missbrauchszyklus entkommen. Somit lässt sich allein dadurch, dass man im Kunden das Unternehmen sieht, ein neuer Zyklus schaffen, in dem beide einander respektieren und gefällig sind. Um es mit einer entsprechenden buddhistischen Metapher auszudrücken: Wir sind so miteinander verbunden wie die Teile eines Wagens – nur wenn sie zusammenarbeiten, haben die Reifen, das Chassis, die Sitze, der Motor, das Lenkrad einen Sinn und eine Funktion. Ohne diesen wechselseitigen Zusammenhang gibt es überhaupt keinen Wagen. Unsere Kunden brauchen uns, und wir brauchen sie, genauso wie die Teile des Wagens einander brauchen. Die Antwort auf einen schlechten Kundendienst – und ein schlechtes Geschäftsgebaren generell – besteht darin, dass wir zu unserer naturgegebenen wechselseitigen Abhängigkeit erwachen.

TEIL III

Einen erleuchteten Arbeitsplatz schaffen

Was veranlasst dich zu glauben,
Arbeit und Meditation seien zwei verschiedene Dinge?
Akong Tulku Rinpoche, «Enlightened Management»

Wer würde nicht gern einen erleuchteten Arbeitsplatz haben? Einen Ort, an dem Menschen hart arbeiten und sich dabei wohl fühlen; einen Ort, an dem Vertrauen zwischen dem Management und den Mitarbeitern herrscht; einen Ort der aufrichtigen, offenen Kommunikation; einen Ort, geprägt von Rechtschaffenheit, persönlicher Verantwortung, gegenseitigem Respekt, Leistung, persönlicher Befriedigung, Freude und großartigen Ergebnissen – möchte da nicht jeder arbeiten?

Schon, aber wo existiert ein solcher Ort, ein Reines Land für Arbeitende? Man muss keinen Headhunter anrufen, nicht die Stellenangebote durchkämmen oder dutzende von Lebensläufen verschicken, wenn man einen erleuchteten Arbeitsplatz zu finden hofft. Der ist nicht da draußen, sondern hier drinnen. Er existiert dort, wo er nach dem Willen der Menschen existieren soll und wo sie bereit sind, gemeinsam daran zu arbeiten, ihn für sich zu schaffen.

Wie aber anfangen? Beginnen Sie dort, wo Sie sind. Es gibt eine wunderbare Zen-Geschichte von einem Mönch, der wissen will, wo er seinen Weg zur Erleuchtung einschlagen soll. Sein Lehrer erwidert: «Hörst du das Geräusch des Baches?

Schlage ihn dort ein.» Wie? Es kommt nicht auf das Wie an, sondern auf das Jetzt.

Wenn Sie Manager, Abteilungsleiter oder leitender Angestellter sind, können Sie damit beginnen, dass Sie Ihre Führungspraktiken gründlich durchleuchten, um zu wissen, welches Beispiel Sie anderen geben und auf welche Weise Sie Ihre Leute anleiten, ihre Arbeit zu erledigen. Fangen Sie dort an, wo Sie sind.

Wenn Sie nicht dem Management angehören, beginnen Sie damit, dass Sie sich anschauen, wie Sie Ihre eigene Arbeit machen, wie Sie mit Kollegen und Vorgesetzten umgehen und vor allem, wie Sie mit Problemen fertig werden. Auch für Sie gilt: Fangen Sie an, wo Sie sind. Jeder spielt eine Rolle beim Schaffen eines erleuchteten Arbeitsplatzes.

Aus bescheidenen Anfängen ergeben sich Veränderungen, die ganze Unternehmen formen. Wenn Buddhas Geist die alltägliche Tätigkeit am Arbeitsplatz beseelt, beginnt das Unternehmen unweigerlich zu erwachen. Das meinen wir mit erleuchteter Arbeit. Und ein Unternehmen, an dem erleuchtete Arbeit verrichtet wird, beginnt, die Welt zu verändern. Die Arbeit ist keine wertfreie Zone – sie ist ein überaus mächtiger Ort, an dem die Welt verändert werden kann.

Einige Gedanken in diesem Abschnitt sollten Ihnen die Augen dafür öffnen, worauf Sie Ihre Aufmerksamkeit zuerst zu richten haben. Warten Sie nicht ab, bis jemand anders damit beginnt, die Erleuchtung herbeizuführen – da können Sie sehr lange warten. Sie müssen einfach anfangen. Jetzt.

DIE GROSSEN FRAGEN

Über die Bilanz hinaus

Was würde Buddha tun, um ein hervorragender Arbeitgeber oder Chef zu werden?

Fünffach ist ... die Art, wie ein Herr ... dem Knecht-
und Dienergesinde entgegenkommen soll:
Je nach der Kraft soll er die Leistung an Arbeit einteilen,
Kost und Lohn geben, bei Krankheit für Pflege sorgen,
außergewöhnliche Annehmlichkeiten soll er mitgenießen lassen,
zeitweilig Urlaub gewähren.
Digha-Nikaya 31

Buddha wusste, dass es klug ist, ein möglichst guter Arbeitgeber zu sein, ganz gleich, welche Art von Unternehmen
man leitet. Wenn es genügend Arbeitskräfte gibt, werden die
besten und hellsten für Sie arbeiten wollen. Und wenn Arbeitskräfte knapp sind, können Sie sich noch immer die
besten aussuchen und sie behalten.

Ein hervorragender Arbeitgeber zu sein ist gar nicht so
kompliziert – man muss nur die Grundregeln beachten. Buddha zählt fünf auf:

1. Übertragen Sie Ihren Mitarbeitern eine Arbeit, die sie bewältigen können. Achten Sie darauf, dass die Arbeitsanforde-
rungen den Fähigkeiten, der Bildung und Ausbildung der Mitarbeiter entsprechen. Sorgen Sie auch dafür, dass jede Arbeit
anspruchsvoll genug ist, um das Interesse der Mitarbeiter
wach zu halten. Dies kann bei manchen Jobs schwierig sein,
aber denken Sie ein wenig nach, und lassen Sie sich etwas

einfallen. Dinge wie abteilungsüberschreitende Seminare, Aufgabenerweiterung, Arbeitserweiterung, Jobrotation und Spezialprojekte können dazu beitragen, dass Ihre Leute sich die ganze Zeit herausgefordert fühlen und sich engagieren.

2. Geben Sie Ihren Mitarbeitern Essen und Geld. Größere Unternehmen richten Kantinen ein, kleinere haben Küchen mit Kühlschränken und Mikrowellengeräten. Produktivität und Gesundheit hängen direkt miteinander zusammen. Sie müssen Ihre Mitarbeiter gut bezahlen und sich um sie kümmern, wenn Sie erwarten, dass sie sich um Sie und ihre Arbeit kümmern. Nichts ist wichtiger.

3. Unterstützen Sie Mitarbeiter im Krankheitsfall. Jeder wird einmal krank, und dann braucht er besondere Pflege. Lassen Sie Ihren Leuten diese Pflege angedeihen, werden sie sich dankbar erweisen, wenn sie ihre Arbeit wieder aufnehmen. Buddha weiß, dass Gesundheitsfürsorge heute teuer ist. Aber er sagt glasklar: Bieten Sie sie Ihren Mitarbeitern.

4. Verteilen Sie besondere Annehmlichkeiten. Eine kleine Zusatzvergünstigung hin und wieder ist eine wunderbare Möglichkeit, Ihre Leute wissen zu lassen, dass Sie sie und ihre gute Arbeit schätzen – ob Sie sie am Gewinn beteiligen oder in anderer Form belohnen, es zahlt sich mehrfach aus.

5. Geben Sie Ihren Mitarbeitern frei, wenn es angebracht ist. Menschen sind keine Rädchen in einer Maschine und dürfen auch nicht so behandelt werden. Besondere Umstände erfordern Wohlwollen und Flexibilität; das gilt bei Mutterschaftsurlaub, der Pflege von Familienangehörigen, einem Sabbatical, «um die Batterien wieder aufzuladen», oder anderen persönlichen Bedürfnissen. Wenn dieser «wieder aufgeladene» Mitarbeiter wieder da ist, wird er die verlorene Zeit mehr als wettmachen.

Was braucht man, um ein hervorragender Chef oder Arbeitgeber zu sein? Buddha legt die Grundregeln dar – erweitern
Sie sie nach Belieben, aber halten Sie sich an die Grundregeln.

Was würde Buddha
über den Profit sagen?

Schon eine kleine Summe Geldes
Kann der Weise mit Geschick wachsen lassen,
Wie der langsam zunehmende Wind dafür sorgen kann,
Dass ein Funken sich zu einem mächtigen Feuer auswächst.
Jataka 4

Die Menschen stellen sich Buddha oft als einen weltfremden Asketen vor, der glaubte, wir sollten auf Geld verzichten und der materiellen Welt entsagen. Gewiss hat Buddha dies getan, aber er erwartete kaum, dass alle es ihm nachtun würden. Er wollte nicht, dass die Welt zugrunde geht. Er war sehr für das Erzielen von Gewinnen, vorausgesetzt, es geschieht in Übereinkunft mit den Grundprinzipien des Erwachens: Aufrichtigkeit, Rechtschaffenheit, persönliche Verantwortung, rechter Lebensunterhalt, Kooperation, Harmonie und so weiter. Ja, das Erzielen eines Gewinns mit erleuchteten Geschäftspraktiken wäre ein vollkommenes Beispiel von aktivem Buddhismus. Denken Sie daran, dass der Dharma vor allem praxisorientiert ist, weil er uns lehrt, wie wir in der wirklichen Welt leben und arbeiten sollen. Nichts ist wirklicher als die Welt der Arbeit.

Buddha weist darauf hin, dass der Start eines erfolgreichen Unternehmens nicht viel erfordert. Sie können klein anfangen und wachsen. Viele Unternehmen haben am Küchentisch oder in der Garage eines Unternehmers mit einer guten Idee begonnen. Große Unternehmen blicken oft auf bescheidene Anfänge zurück. Der Weise, der sich an Buddhas Lehren über die geschickte Praxis hält, kann das Unternehmen langsam, stetig aufbauen, wie man ein Feuer zum Brennen bringt. Ein hübscher kleiner Gewinn kann es mächtig anfachen.

Wie würde Buddha
ein Unternehmensziel definieren?

*Es befriedigt mich nicht, einfach nur hart zu arbeiten
und die Staatsangelegenheiten zu regeln. Ich glaube,
meine wahre Pflicht ist das Wohlergehen der ganzen Welt,
und hart zu arbeiten und die Staatsangelegenheiten
zu regeln sind bloß ihr Fundament.*
Kaiser Ashokas sechstes Steinedikt

Ashoka war vielleicht der größte buddhistische Herrscher der Geschichte. Vor über zweitausend Jahren begründete er in Indien eine Dynastie. Nach gewaltsamen Anfängen trat er zum Buddhismus über und änderte seine Mission. Er sah keinen Sinn darin, über ein großes Reich zu herrschen, das dem Volk nicht diente. Er erkannte, dass seine wahre Pflicht – sein Dharma, was sowohl seine Wahrheit als auch seine Arbeitsbeschreibung meint – über die Stärkung der Herrschaft, sogar über sein Land hinausging. Sein Dharma bestand darin, eine Vorstellung vom Wohlergehen der ganzen Welt zu vermitteln. Daher ist seine Dynastie zwar verschwunden, aber seine Werte wirken weiterhin für das Wohlergehen der ganzen Welt.

Die Leitung eines Unternehmens ist nichts anderes. Letztlich kann die Aufgabe unseres Unternehmens nicht darin bestehen, hart zu arbeiten und unsere geschäftlichen Angelegenheiten zu regeln. Dies sind nur die Mittel, unseren wahren Auftrag auszuführen, nämlich dem Wohlergehen der ganzen Welt zu dienen. Natürlich müssen wir uns wie Ashoka um das Fundament kümmern – ohne Fundament können wir nicht bauen. Aber ein Fundament ist sinnlos, wenn wir nicht etwas Wirkliches und Dauerhaftes darauf errichten. Visionäre Unternehmer wissen dies – sie verspüren das tiefe Bedürfnis danach: nach ihrem Dharma. Und sie schenken der Welt Erfindungen, die uns ein besseres Leben ermöglichen.

«Aber wenn ich nun nicht der Vorstandsvorsitzende bin?», werden Sie fragen. «Wenn ich bloß jemand bin, der jeden Tag zur Arbeit geht – was dann?» Sie werden vielleicht nicht in der Lage sein, die Ziele Ihres Unternehmens zu ändern oder zum Wohlergehen der Welt beizutragen, aber Sie können die Ziele Ihrer eigenen Arbeitsgruppe verändern. Denken Sie an das Wohlergehen Ihrer Gruppe. Was würde dazu beitragen? Welche Probleme hat sie? Ihr Arbeitsumfeld ist eine kleine Welt, in der Sie einen Großteil Ihres Lebens verbringen. Jeder darin sollte für ihr Wohlergehen arbeiten. Das ist Ihr Dharma: dafür zu sorgen, dass eine Welt es wert ist, jeden Tag in ihr zu sein.

Was würde Buddha vom heutigen Wirtschaftsjargon halten?

Als «Edler» sei nicht der geschätzt,
Der etwas Lebendes verletzt;
Der Name «Edler» den belohnt,
Der alle Lebewesen schont.
Dhammapada 270

Das Evangelium des Johannes beginnt mit den Worten: «Am Anfang war das Wort.» Ja, die Sprache hat Macht – ohne dass wir es bemerken, formen Worte unser Denken und Handeln. Der heutige Wirtschaftsjargon zeigt, dass viele Unternehmen den grundlegenden Lehren Buddhas kaum entsprechen.

«Wir werden unsere Konkurrenz vernichten.» – «Wirtschaft ist Krieg.» – «Wir müssen lernen, mit den Wölfen zu heulen.» – «Befehlskette.» Der Wirtschaftsjargon bedient sich mit Vorliebe der Sprache des Militärs, und letztlich geht es dabei um das Schädigen oder Vernichten anderer Menschen oder Unternehmen.

Buddha würde sagen, diese Sprache spiegle unser falsches Denken wider, wonach wir getrennte Wesen sind. Er würde uns daran erinnern, dass wir alle miteinander verbunden sind und dass wir, wenn wir andere Lebewesen (und Unternehmen sind aus Menschen bestehende Lebewesen) verletzen, wir uns selbst verletzen. Nach Buddha sollte die Wirtschaftssprache etwas von dem buddhistischen Ziel erkennen lassen, edel zu sein. Nicht wenn wir «die Konkurrenz beseitigen», sind wir edel, sondern wenn wir keinen Schaden anrichten. Verwenden Sie Ihre Worte also bewusst. Buddha machte die rechte Rede zu einem Teil des Achtfachen Pfades. Die Erleuchtung beginnt mit dem Wort.

Wie würde Buddha in die Zukunft investieren?

Ein Schatz, der in einem tiefen Schacht ruht,
bringt keinen Gewinn und geht leicht verloren.
Der wahre Schatz wird durch Barmherzigkeit, Frömmigkeit,
Mäßigung, Selbstbeherrschung und gute Taten gewonnen.
Er ist sicher aufbewahrt und kann nicht verloren gehen.
Vinaya-Mahavagga 4

Dies erinnert an die Worte Jesu: Der wahre Schatz ist die Liebe, nicht das Gold. Auch Buddha wusste dies, und wir alle wissen es tief in uns.

Wir können darin auch eine Billigung von Geschäftspraktiken sehen, die auf Werten basieren. Buddha ist eindeutig für das Erzielen von Gewinn, aber er fordert uns auf, unseren Gewinn auf die richtige Weise zu erzielen, mit festen Werten und moralischem Verhalten. Warren Buffett (ein Milliardär mit Wertvorstellungen) und viele andere heutige erfolgreiche Unternehmer würden Buddha zustimmen.

Ein Unternehmen, das all seine Mittel gierig hortet, wird bald ohne öffentliches Wohlwollen, ohne Partner in anderen Unternehmen und ohne Mitarbeiter dastehen. Andererseits wird ein Unternehmen, das Partnerschaften mit anderen Unternehmen eingeht, Mitarbeiter als geschätzte Geschäftspartner behandelt, sich als verantwortliches Mitglied der Gemeinschaft versteht und seine Mittel mit den Armen und Bedürftigen teilt, dauerhaft existieren. Seine Kunden werden so loyal wie seine Mitarbeiter sein. Der «Schatz» des Wohlwollens wird in guten wie in schlechten Zeiten da sein. Buddha weiß, dass ein solches Unternehmen sich darüber im Klaren ist, dass «gut gehen» und «Gutes tun» Hand in Hand gehen.

Wie würde Buddha ein «lernendes» Unternehmen entwickeln?

Der Eifer ist der Weisheit Grund,
Sein Fehlen führt zu Weisheits-Schwund;
Wer kennt des Weges Doppeltheit:
Wie Weisheit wächst und nicht gedeiht,
Der spanne so sich selber an,
Dass seine Weisheit wachsen kann.
Dhammapada 282

Lebte Buddha heute, würde er wohl die Bedeutung ständigen Wachstums und Lernens mit einer sinnfälligen Metapher veranschaulichen. «Denken Sie an den Hai», könnte er sagen, «der sich ständig bewegen muss, da er sonst stürbe. Wenn er sich im Wasser bewegt, bewegt sich das Wasser durch ihn, bringt ihm Sauerstoff, erhält ihn am Leben. Ebenso muss sich Ihr Unternehmen ständig bewegen, sonst wird es sterben. Lernen hört nie auf, und je mehr Sie wissen, desto klarer wird Ihnen, wie viel Sie nicht wissen. In dem Augenblick, da Ihr Unternehmen aufhört, ein lernendes Unternehmen zu sein, beginnt es zu sterben.»

Wir sollten uns so verhalten, dass die Weisheit wächst. Unser Unternehmen sollte so strukturiert sein, dass das Lernen auf allen Ebenen, auf allen Gebieten ermöglicht wird, selbst wenn wir zunächst seine Bedeutung nicht erkennen. Unsere Unternehmenspolitik und ihr Prozedere sollten schriftlich festgehalten und so umgesetzt werden, dass ein ständiges Lernen gefördert wird, auch wenn es unsere Zeitpläne durcheinander bringen könnte. Unsere Arbeitsräume sollten so angeordnet sein, dass wir leicht zusammenkommen und voneinander lernen können. Und Unternehmensleiter müssen vorangehen: stets selbst lernen und ihre Weisheit entwickeln.

Wie würde Buddha die Frage
der Wohltätigkeit beurteilen?

*Ein Bodhisattva würde Essen und Trinken nicht Fresssäcken
und Trunkenbolden geben … Und auch wenn es sein
eigener Reichtum ist – wenn die, für die er verantwortlich ist,
bekümmert sind, wenn er ihn verschenkt, dann tut er es nicht.*
«Das Kostbare Juwel der Lehre» 12, das Ratnavali zitierend

Wie viel sollte ein Wirtschaftsführer für wohltätige Zwecke übrig haben? Einen erheblichen Betrag? Eine bescheidene Geste? Der beste Beitrag könnte – durchaus den buddhistischen Lehren gemäß – darin bestehen, Geld wieder in das Unternehmen zu stecken. Schließlich beginnt die Wohltätigkeit bei uns selbst. Als Bill Gates und Ted Turner Milliarden Dollars verschenkten, wurden sie von manchen kritisiert, sie würden die primäre Pflicht gegenüber ihren eigenen Unternehmen und gegenüber dem Reichtum verletzen, den diese Unternehmen für ihre Aktionäre erwirtschaften könnten. Handelten sie also gegen Buddhas Lehre?

Buddha sagt, man solle Geld oder andere Dinge nie denen geben, die das missbrauchen würden. Wir wissen das schon, aber manchmal fällt es schwer, einem solchen Geben zu widerstehen, da die Menschen unsere Gabe vielleicht lauthals fordern oder uns Schuldgefühle einzureden versuchen, wenn wir uns weigern. Aber wir müssen fest entschlossen sein. Es muss denen gegeben werden, die die Gabe auf gute Weise gebrauchen werden. Wir können heute unter so vielen würdigen Empfängern wählen, sodass wir unsere Großzügigkeit nicht durch schlechtes Geben verschwenden sollten.

Der Text hat noch ein anderes weises Wort für uns parat: Wir müssen vorsichtig sein, damit wir unserem Unternehmen nicht mit unserer Wohltätigkeit schaden. Schließlich erzeugen die Mitarbeiter den Reichtum durch ihre harte Arbeit, und die Aktionäre investieren ihr Geld in die Zukunft des Unternehmens. Es ist unangebracht, großzügig gegenüber Außenstehenden zu sein, wenn man nicht zunächst großzügig gegenüber den Menschen im Unternehmen gewesen ist. Und mit Sicherheit sollte man Reichtum nicht verschenken, so würdig der Empfänger auch sein mag, wenn es den Mitarbeitern oder der Gesundheit des Unternehmens schadet.

Geben ist eine grundlegende Tugend, aber wir müssen an das große Ganze denken, wenn wir sie üben. Ist es für den Empfänger wirklich ein Gewinn? Werden andere dabei versehentlich verletzt? Die Antworten sind nicht immer einfach – daher müssen wir die Fragen stellen.

Was würde Buddha über die Verantwortung für die Umwelt sagen?

Wenn du spuckst und die Reste zwischen den Zähnen wegwirfst,
Musst du sie gut vor aller Augen verbergen.
Abfall an Orten fallen zu lassen, die wir miteinander teilen,
Sowie in den Wasserläufen, führt zu Krankheiten.
Bodhicharyavatara 5,91

Für Buddha gilt bei der Arbeit das Gleiche wie zu Hause: Wir müssen die Orte, die wir mit anderen teilen, mit Respekt behandeln, und bei sechs Milliarden Menschen auf der Erde ist jeder Ort ein Ort, den wir mit anderen teilen.

So hat etwa die Einstellung Ihres Unternehmens zum Recyceln von Papier die Kraft, weit über Ihr Unternehmen hinauszugehen, weil sie öffentlich wahrgenommen wird und Märkte schafft. Dies gilt besonders dann, wenn Sie für einen großen Konzern arbeiten. Wenn sich ein paar Großkonzerne auf Recyclingpapier umstellen – auch für Berichte, Vorschläge und Korrespondenz –, wird dies von anderen Unternehmen wahrgenommen. Folgen viele Unternehmen diesem Beispiel, werden sie einen Markt schaffen, der die Wirtschaftlichkeit von Recyclingpapier erheblich verändert und den Preis drückt. Irgendwann werden wir uns fragen, warum die Menschen jemals gebleichtes Papier haben wollten. Dann werden wir uns an Buddhas Worte halten und aufhören, Dioxin in den Wasserkreislauf einzuleiten.

So kommen Veränderungen zustande. Das könnte bei einem Menschen im Unternehmen anfangen, der bei Konferenzen das Recycling vorschlägt, bis etwas geschieht. Die Verantwortung von Unternehmen beginnt nicht unbedingt an der Spitze. Sie kann bei jedem beginnen, der mutig, geduldig und hartnäckig genug ist, um der Rechtschaffenheit seine Stimme zu leihen, und so lange redet, bis andere in den Chor einstimmen.

Wie würde Buddha
das Kapital erhalten?

Wenn Familien, die großen Reichtum erworben haben,
von langem Bestand sind, so ist dies stets auf vier Ursachen
zurückzuführen oder auf eine derselben …
Um das Verlorene kümmern sie sich; das Alte bessern sie aus;
sie halten Maß beim Essen und Trinken; einen Mann oder
eine Frau von gutem Wandel setzen sie an die leitende Stelle.
Anguttara-Nikaya 4,255

Ungeachtet der Gefahren, die von Geld für unser egoistisches Selbst ausgehen, erkennt Buddha an, dass Kapital für jede Gruppe absolut notwendig ist. Er nennt vier Möglichkeiten, sein Kapital zusammenzuhalten. Sie treffen nicht nur auf eine Familie zu, sondern auch auf ein Unternehmen.

Die ersten beiden Regeln hängen eng miteinander zusammen. Geben Sie nie etwas auf, das noch von Nutzen sein kann. Wenn es verloren gegangen ist, versuchen Sie es wieder zu finden. Wenn es kaputt ist, reparieren Sie es. Unsere Besessenheit von allem Neuen (dem letzten Schrei!) ist Verschwendung und umweltschädigend. Nehmen Sie nur die Gewohnheit von Unternehmen, Büromöbel und Inneneinrichtungen komplett zu erneuern. Wenn wir solide, gut verarbeitete Schreibtische kaufen und die Fußböden mit Parkett oder hochwertigem Teppich bedecken würden, müssten wir sie nicht so oft auswechseln. Und wenn wir diese echten Holzsachen hätten, könnten wir sie reparieren, statt sie wegzuwerfen. Das ist wirklich Kosten sparend: eine Menge für einen Schreibtisch auszugeben, der hundert Jahre hält, und nicht jedes Mal, wenn die Firma sich umorganisiert oder ein neues Image haben will, «günstige» Möbel zu kaufen.

Diese Lehre können wir auch auf Menschen anwenden: Mitarbeiter sollten sorgfältig ausgewählt, als langfristige Investitionen betrachtet und entsprechend behandelt werden, indem man sie weiterbildet, gut führt und sie ihre Fähigkeiten entwickeln lässt. Die Menschen sollten um der besten langfristigen Ergebnisse willen umsorgt und gepflegt werden, nicht als Wegwerfware angesehen werden, derer man sich beim ersten Anzeichen dafür, dass rauere Zeiten kommen, entledigt.

Wenn wir die dritte Regel auf ein Unternehmen übertragen, besagt sie, dass wir beim Verbrauch unserer Mittel mäßig sein sollen, also recyceln und recycelte Dinge kaufen, mit der Bahn fahren, das Teamwork durch Gemeinschaftsräume fördern, keine schicken Kasinos für leitende Angestellte einrichten. Es gibt tausende von Möglichkeiten zu sparen.

Schließlich geht es um die Vorbildfunktion. Jeder in einer Führungsposition muss sich an Prinzipien halten und im Grunde ein tugendhafter Mensch sein. Beachten Sie, dass Buddha nicht «smart», «entschlossen» oder «charismatisch» sagt. Diese Dinge sind optional – die Tugend nicht. Ohne Tugend als Fundament wird noch so viel Intelligenz, harte Arbeit oder Charme den Mangel an Vertrauen nicht wettmachen. Wahrer Erfolg beruht auf wahrem Charakter.

ARBEITSPRAKTIKEN UND -PROZESSE

Praxis ist Erwachen

Was würde Buddha im Hinblick auf kurz-
oder langfristiges Denken empfehlen?

Es steht ... nicht im Vermögen und in der Macht des Landmannes,
dass ihm heute etwa sein Korn aufgehe,
morgen Frucht trage und übermorgen reife; sondern es wird
eben die Zeit kommen, wenn im Verlauf der Jahreszeiten das
Korn des Landmanns aufgeht, Früchte trägt und reift.
Anguttara-Nikaya 3,93

Die meisten östlichen Kulturen haben traditionell eine viel längerfristige Vorstellung von Zeit als westliche Kulturen. Buddha teilte die langfristige Zeitperspektive der Inder. Er wusste, dass die Charakterentwicklung ein lebenslanger (oder noch längerer!) Prozess ist und dass Geduld und Ausdauer die Schlüssel dazu sind. Dies gilt auch für viele Aspekte des Lebens von Unternehmen. Wir säen oft, was wir erst in Monaten oder Jahren ernten.

Alles hat seine Zeit – so lesen wir in der bemerkenswert buddhistischen Heiligen Schrift, der Bibel. Sie können die Jahreszeiten weder steuern noch beschleunigen. Und genauso verhält es sich mit der Arbeit. Manche Tätigkeiten bringen rasch Ergebnisse, andere dagegen erst langfristig. Beide sind wichtig, aber wenn es ein Gebiet gibt, auf dem die meisten von uns Defizite haben, dann auf dem des langfristigen Denkens. Wir graben unsere Möhren jede Woche aus, um zu sehen, ob sie auch wachsen. Wir sind schon eine ungeduldige Bande.

Buddha empfiehlt uns, Geduld zu entwickeln – sie ist eine

der Zehn Vollkommenheiten, die Mahayana-Buddhisten zu verwirklichen sich bemühen. Lernen Sie, darauf zu vertrauen, dass alle Vorhaben in ihrer Zeit entsprechende Früchte tragen. Beachten Sie: Wir sagten nicht, in *Ihrer* Zeit!

Wie würde Buddha
Arbeitsprozesse gestalten?

Und der Mann … sammelte nun Röhricht und Stämme,
Reisig und Blätter, fügte ein Floß zusammen und setzte mittels
dieses Floßes, mit Händen und Füßen arbeitend,
heil ans jenseitige Ufer über. Und, gerettet, hinübergelangt,
würde er also denken: «Hochteuer ist mir wahrlich
dieses Floß … Wie, wenn ich nun dieses Floß auf den Kopf
heben oder auf die Schultern laden würde und hinginge,
wohin ich will?» … Würde wohl dieser Mann durch solches
Tun das Floß richtig behandeln?
Majjhima-Nikaya 22

Buddha weiß, wie leicht wir Menschen gebunden sind. Wir binden uns an alle möglichen Dinge, auch an die Arbeitsprozesse, mit denen wir vertraut sind. Wenn etwas für uns früher funktioniert hat (das Floß), klammern wir uns noch lange daran fest, nachdem es eine Last geworden ist. Oft merken wir nicht einmal, dass wir es nicht mehr brauchen. Wir machen uns etwas zur Gewohnheit, tun die Dinge genau so, wie wir sie schon immer getan haben. Das ist bequem, vertraut und einfach.

Im Geschäftsleben ist dies ein besonders kniffliges Problem, wenn wir Erfolg haben, aber nicht genau wissen, warum. Jim Shaffer, Chefredakteur einer Zeitung, nennt dies «abergläubisches Lernen» – wir haben Angst, dass wir unsere Erfolge vermasseln, wenn wir irgendetwas verändern. Zum Beispiel trägt ein Baseballspieler seine Glückssocken; eine

Solistin hat ihre kleinen Rituale vor ihrem Auftritt; eine Schülerin überträgt ihre Notizen in ein spezielles Notizbuch, um ihren glänzenden Notendurchschnitt zu behalten. Wenn etwas für uns einmal funktioniert hat, verzichten wir nur ungern darauf, selbst wenn wir wissen, dass wir es jetzt nicht brauchen – darauf zu verzichten könnte ja gerade das gefürchtete Bedürfnis danach erzeugen; na klar, wir halten am besten daran fest. Ach, Bindung, die Wurzel allen Leidens.

Buddha ist konsequent in seinen Lehren: Lassen Sie alles los. Alles verändert sich – so war es immer schon, so wird es immer sein. Betrachten Sie Ihre Arbeitsprozesse ständig im Licht Ihrer heutigen, nicht Ihrer gestrigen Arbeit. Wenn Sie noch immer an Prozessen festhalten, die keinen zusätzlichen Wert haben, dann belasten Sie sich (und Ihr Unternehmen) sinnloserweise. Seien Sie wach: Wenn Sie Land erreicht haben, werfen Sie das Floß weg. Überarbeiten Sie Ihre Arbeitsprozesse, sooft es notwendig ist, um auf dem Laufenden zu bleiben.

Was würde Buddha
mit der Technik anfangen?

Bevor Sie mit der Arbeit beginnen und nachdem Sie sie
beendet haben, erweisen Sie Ihrem Computer
diese eine simple Ehre: Nicken Sie ihm zu …
Bei dem Gedanken, einer Maschine Respekt zu erweisen,
zucken manche Menschen vielleicht zusammen.
Hat das nicht etwas mit Unterwürfigkeit zu tun?,
werden sie fragen. Außerdem handelt die Maschine
so impulsiv, wer kann sie da schon respektieren?
Warum sollte man etwas, das so willkürlich
und unzuverlässig ist, Respekt erweisen?
Weil es uns etwas gibt.
Philip Toshio Sudo, «Zen oder die Kunst,
achtsam mit sich und seinem Computer umzugehen»

Buddha würde jede Technik begrüßen, die unser Leben
verbessert. Kein Werkzeug – ein Hammer, eine Chemikalie, ein Messer – ist an und für sich gut oder schlecht. Es ist
bloß ein Werkzeug, ein Objekt, das wir für gute oder schlechte Zwecke benutzen können. Wenn es gute Dinge tut, begrüßt Buddha es. Also würde Buddha die laufende technische
Entwicklung unterstützen.

Wenn wir Menschen Respekt erweisen, ist zu erwarten,
dass sie sich dessen würdig erweisen. Sie werden wiederum
auch uns respektieren. Vielleicht verhält es sich genauso
bei Computern und anderen Formen der Technik – wenn wir
sie respektieren und gut behandeln, werden sie wohl eher

auch für uns gut funktionieren. Sie scheinen uns sogar zu respektieren.

Unsere Computer haben vielleicht keine Seele (auch wenn wir manchmal schwören könnten, sie hätten eine – eine bösartige), aber sie entwickeln sich doch langsam hin zu einem Bewusstsein. Wenn wir sie einstweilen mit Respekt dafür behandeln, wie sie unser Leben verbessern, erzeugen wir eine Wirklichkeit, in der sie tatsächlich unser Leben verbessern.

Respekt ist nicht gleichbedeutend mit Unterwerfung, sondern eine Bestätigung von etwas Wertvollem. Wenn eine Technik uns etwas gibt, wollen wir es akzeptieren und begrüßen. Das hilft uns dabei, die Technik achtsam im Griff zu haben und weiterhin Gutes damit zu tun. Wenn wir uns vor unseren Meditationskissen verneigen (wie die Buddhisten es tun), können wir uns mit Sicherheit vor unserem Computer verneigen.

Was würde Buddha vom Internet halten?

Diese Website suchst du
vergebens, doch es gibt
unendlich viele.
Anonymes Haiku aus dem Internet

Buddha wäre höchst angetan von der unendlichen Welt des Cyberspace und ihren unbegrenzten Möglichkeiten. Sie würde für ihn das unendliche Universum um uns herum widerspiegeln: riesengroß, komplex, wunderbar anzuschauen, jeder winzige Teil des großen Netzes potenziell mit jedem anderen verknüpft. Chaotisch, unaufhörlich sich verändernd, Angriffen ausgesetzt, letztlich unzerstörbar – ja, das Internet spiegelt tatsächlich unsere Welt wider.

Daher würde Buddha uns warnen: Genauso, wie wir unser nicht enden wollendes Verlangen nach weltlichen Vergnügungen nie stillen können, können wir auch unser nicht enden wollendes Verlangen nach virtuellen Vergnügungen nie stillen. Die Website, die Sie suchen, ist unauffindbar. Sie können Ihre Sinne gebrauchen auf der Jagd nach dem Vergnügen, oder Sie können sich dazu der Suchmaschinen bedienen, aber zufrieden werden Sie erst dann sein, wenn Sie in Ihrem Innern suchen und niemanden finden, den es zu befriedigen gilt. Sie haben Glück – die Website ist zwar unauffindbar, der Benutzer aber auch.

Was würde Buddha
von Telearbeit halten?

Die Anhänger können tausende von Meilen entfernt sein,
aber wenn sie sich an die Regeln halten,
werden sie gewiss die Früchte des Pfads ernten.
Doch wenn die, die gleich neben mir sind, die Regeln
vergessen, könnten sie mich zwar jeden Tag sehen,
aber sie werden den Pfad nicht gewinnen.
«Sutra in 42 Abschnitten» 37

Vielen Managern widerstrebt es heute immer noch, ihre Leute zu Hause arbeiten zu lassen. «Wie kann ich wissen, ob sie arbeiten, wenn ich sie nicht sehen kann?», fragen sie. Buddha würde erwidern: «Wie könnt ihr wissen, ob sie arbeiten, selbst wenn ihr sie sehen könnt?»

Den meisten Arbeitnehmern fällt es nicht schwer, beschäftigt auszusehen. Viele Unternehmen verwechseln die «Gesichtszeit» (die tägliche Menge Zeit, in der Ihr Chef und andere Sie bei der Arbeit sehen können) mit harter Arbeit und Produktivität, während sie doch in Wirklichkeit nichts weiter ist als – Gesichtszeit. Sie können mich zwar an meinem Schreibtisch oder in meinem Arbeitsbereich sehen – aber wie wollen sie wissen, was ich wirklich tue? Ich könnte beschäftigt aussehen, aber bin ich mit Arbeit für das Unternehmen beschäftigt oder mit persönlichen Dingen?

Buddha wusste: Nicht aufgrund der physischen Nähe lässt sich ein guter von einem schlechten Mitarbeiter unterscheiden, sondern aufgrund seiner Qualität. Eine intelligente und rechtschaffene Mitarbeiterin wird immer hart arbeiten, egal, wo sie arbeitet: im Büro, unterwegs oder bei sich zu Hause.

Was würde Buddha tun? Die richtigen Mitarbeiter aussuchen und einstellen, sie ausbilden, dann darauf vertrauen, dass sie gute Arbeit leisten, und sie dafür belohnen. Gute Mitarbeiter halten sich an die Regeln, wo immer sie sind.

Bei Immobilien geht es um Lage, Lage und nochmals Lage. Im Wirtschaftsleben geht es um gute Arbeit, gute Arbeit und nochmals gute Arbeit. Verwechseln Sie beides nicht.

Was würde Buddha von Unternehmens-Gurus und -beratern halten?

Ob du dich im Innern oder im Äußern umsiehst –
was auch immer du findest, du musst es vernichten.
Wenn du einen Buddha findest, töte den Buddha.
«Aufzeichnung des Lin-chi» 19

Ein Berater ist jemand, der sich Ihre Uhr leiht und Ihnen dann sagt, wie spät es ist. Buddha würde diese Definition gefallen. Er würde Ihnen sagen, Sie sollten die Berater «töten» – nicht buchstäblich natürlich (töten Sie bitte auch nicht buchstäblich Buddhas, denen Sie begegnen), aber töten Sie die Ehrfurcht und die Verehrung ab, mit denen Sie ihnen sklavisch folgen. Buddha war kein Harvardabsolvent, er trug auch keine Nadelstreifenanzüge, und eine Visitenkarte von McKinsey hatte er ebenso wenig. Und sogar dann würde er Ihnen als echter Buddha sagen, Sie sollten selbst denken.

Gewiss, Sie könnten irgendeine Hilfe gebrauchen, jemanden, der Sie beim Lösen von Problemen, beim Erkunden von Alternativen und beim Realisieren neuer Chancen unterstützt. Aber lassen Sie sich niemals von jemandem sagen, wie Sie Ihre Abteilung oder Ihr Unternehmen führen sollen. Ein guter Berater ist wie ein Arzt: Er diagnostiziert Ihre Probleme, misst Ihre Stärken und liefert Ihnen Informationen, die Ihnen helfen, besser zurechtzukommen. Aber letztlich müssen Sie sich gesund ernähren, zur Physiotherapie gehen, sich ausruhen, die richtige Medizin zur richtigen Zeit nehmen und Ihre Ressourcen mobilisieren, um gesund zu werden. Sie müssen sich um die Arbeit und die Heilung kümmern. Das kann Ihnen niemand abnehmen, auch ein Bestsellerautor nicht. Klammern Sie sich also nicht an Autoritäten, nicht einmal an Buddha. Lassen Sie los, und bleiben Sie in Bewegung.

Was würde Buddha tun, um die Kommunikation in einem Unternehmen zu verbessern?

Er ... redet zur rechten Zeit, sachlich, zweckdienlich,
im Sinne der Lehre und Zucht; führt Reden, die wertvoll sind,
angebracht, gebildet, angemessen und sinnreich.
Anguttara-Nikaya 10,176

Buddha war sich über den Unterschied zwischen guter und schlechter Kommunikation im Klaren. Schlechte Kommunikation ist Klatsch, hohles Geschwätz, verletzende Dinge zu jemandem oder über jemanden sagen. Die Menschen sollten sich Zurückhaltung auferlegen und Urteilskraft beweisen in der Art, wie sie miteinander kommunizieren. Gleichermaßen täte ein Unternehmen gut daran, sich um eine Kommunikation zu bemühen, die nützlich, fundiert, klar und effizient ist.

Oberflächlich betrachtet, scheint Kommunikation sehr einfach zu sein, doch die meisten Unternehmen kommen damit offenbar nicht zurecht. Auf die Frage, wie sie ihre Informationen bekommen möchten, erwidert die überwältigende Mehrheit der Arbeitnehmer, dass sie sie am liebsten direkt von ihrem unmittelbaren Vorgesetzten erhalten würden und dann erst bei Teambesprechungen. Aber befragt, wie sie tatsächlich den Großteil ihrer Informationen bezögen, nannten sie an erster Stelle die Mundpropaganda im Unternehmen (Klatsch), danach die Aktennotizen – die beiden am wenigsten bevorzugten Quellen!

Buddha würde veranlassen, dass Führungskräfte direkt mit den Mitarbeitern reden. Genau das tat und verlangte er auch von anderen in seiner eigenen Organisation. Buddha würde vor allem das gute alte persönliche Gespräch suchen, entweder unter vier Augen oder in Gruppen. Er würde uns ermahnen, dem Drang zu widerstehen, wichtige Informationen im großen Maßstab zu verbreiten, durch E-Mails, Aktennotizen oder Rundschreiben. Als Regel gilt: Je unpersönlicher die Kommunikation, desto weniger effizient ist sie. Buddha war eindeutig ein Fan persönlicher Kontakte, kein Hightech-Fan. E-Mails, Faxe, Memos und schwarze Bretter haben natürlich durchaus ihre Berechtigung, aber Buddha wusste, dass der persönliche Kontakt etwas Besonderes ist. Er wusste, dass nichts über eine klare, erfolgreiche, aufrichtige Kommunikation zwischen Menschen geht.

Wenn Sie also die Kommunikation an Ihrem Arbeitsplatz verbessern wollen, beginnen Sie damit, sich mit Ihren Kollegen ehrlich und klar zu unterhalten. Wer weiß, vielleicht lösen Sie damit eine Kommunikationsrevolution in Ihrem Unternehmen aus. Alle Revolutionen fangen irgendwo an.

Wie würde Buddha
eine Sitzung leiten?

*Erstens besudelt die Leidenschaft für Analyse und Wissen
die Buddha-Natur. Zweitens besudelt die Leidenschaft
für Emotionen und Begierden die Buddha-Natur.*
«Sutra der Prinzessin Shrimala» 3

Jeder weiß, dass Sitzungen sich auf vielerlei Weise verzetteln
können. Eine Gruppensitzung ähnelt in mancher Hinsicht
dem menschlichen Geist – sie ist erfüllt von miteinander
widerstreitenden Wünschen, Energien und Impulsen, kurz-
und langfristigen Zielen, Abschweifungen und Ablenkungen.
Was die ursprüngliche Reinheit des Geistes verdeckt, unterscheidet sich gar nicht so sehr von dem, was die ursprüngliche Reinheit einer gut gemeinten Sitzung verdeckt. Zwei
Arten von Leidenschaft lassen Sitzungen scheitern: die
Leidenschaft für Analysen und die Leidenschaft für
Emotionen.

Die Leidenschaft für Analyse und Wissen wird häufig als
«lähmendes Analysieren» bezeichnet – jeder, der in einem
großen Unternehmen arbeitet, kennt sie. Aber sogar kleine
Gruppen von Menschen können dieser Leidenschaft anheim
fallen. Analyse und Wissen haben etwas Trügerisches, denn
oberflächlich betrachtet, hat es den Anschein, als ob etwas
geschehe und die Gruppe ihre Arbeit tue. Doch wenn Sie sie
eine Zeit lang genau beobachten, werden Sie erkennen, dass
eine von dieser Leidenschaft erfüllte Gruppe sich einfach nur
im Kreis bewegt, das immer gleiche Material unproduktiv

wiederkäut, sich vergeblich davon zu überzeugen versucht, dass kein Fehler begangen wird und der Erfolg sicher ist. Sobald sich die Gruppe auf diesem Gleis befindet, wird sie umso weniger Klarheit haben, je mehr sie analysiert. Sie debattiert und analysiert so lange herum, bis sich das fürs Handeln günstige Fenster schließt und es zu spät ist, irgendetwas zu tun. Die Gruppe hat sich direkt in die Untätigkeit hineinanalysiert.

Andere Sitzungen dagegen werden ineffizient durch die Leidenschaft für Emotionen. Menschen, die sich im Griff dieser Leidenschaft befinden, verlangt es zwar nach einer intensiven Emotion, die die Gruppe beflügeln wird, aber sie lassen zu, dass das, was als rationale Debatte beginnt, sich zu einem irrationalen Streit aufschaukelt. Jedes Urteilsvermögen kann verloren gehen, und eine Diskussion über Probleme und Fakten schlägt in persönliche Angriffe um. Die Wogen gehen hoch, die Gemüter erhitzen sich, die Menschen werfen sich Dinge an den Kopf, die sie später bereuen werden, und die Gruppe gerät außer Kontrolle und versinkt im Chaos. Am Ende geschieht entweder gar nichts, oder in der Hitze des Gefechts werden die falschen Maßnahmen ergriffen.

Buddha erklärt uns, wir sollten uns ebenso vor allzu rationalem Analysieren wie vor allzu irrationalen Emotionen hüten. Beide sind Extreme, die zu einem schlechten Ende führen. Denken Sie daran, dass Buddha uns den Mittleren Weg lehrt, einen Weg, auf dem wir Vernunft und Gefühle, Rationalität und Intuition ausbalancieren. Wir können die Extreme vermeiden, indem wir in der Gegenwart dessen bleiben, was im Augenblick vor sich geht, und uns selbst und unsere Sitzungen zu Achtsamkeit und Entscheidungsfreiheit zurückführen.

DIE PFLEGE VON MITARBEITERN

Ihr Team als Ihr Sangha

Wie würde Buddha die richtige Person für einen Job auswählen?

Bevor du nicht den spirituellen Zustand von Lebewesen kennst,
nimm nichts an hinsichtlich der Form ihrer Fähigkeiten.
Verletze nicht die Gesunden. Zwinge nicht die, die in die weite
Welt hinausziehen wollen, auf einen schmalen Pfad.
Versuche nicht, den tiefen Ozean in den Hufabdruck der Kuh
zu gießen … Verwechsle nicht das Glühen
eines Glühwürmchens mit dem Licht der Sonne.
Und zwinge nicht die, die das Gebrüll eines Löwen lieben,
dem Geheul eines Schakals zu lauschen!
Vimalakirtinirdesha-Sutra 3

Die äußere Erscheinung kann stark täuschen, zumal bei Menschen. Buddha will hier sagen, solange Sie sich nicht die Mühe gemacht haben, die das Einstellen bereitet, könnten Sie genauso gut ein Buch nach seinem Umschlag beurteilen. Ein großer Fehler.

Die meisten Unternehmen verschwenden ungeheuer viel Zeit, Geld und Energie auf das Bereinigen von Fehlern, die sie gemacht haben, indem sie Leute eingestellt haben, ohne sich die gebührende Mühe dabei gegeben zu haben. Viel zu viele Manager stellen noch immer «aus dem Bauch heraus» ein. Die meisten machen ihre Entscheidungen davon abhängig, wen sie mögen und in wessen Gegenwart sie sich wohl fühlen. Viel zu wenig Aufmerksamkeit widmet man dem Überprüfen des Lebenslaufs des Bewerbers, des Niveaus seiner Fähigkeiten, seiner Fähigkeit, zu lernen und sich zu entwickeln, und vor allem seiner Fähigkeit, gut mit anderen Menschen zusammenzuarbeiten.

Leute werden wegen ihrer fachlichen Fähigkeiten eingestellt; sie werden wegen ihres Einfallsreichtums befördert, und sie werden wegen ihrer zwischenmenschlichen Probleme entlassen. Ganze 80 Prozent der Menschen, die in einem Job scheitern, tun dies aufgrund ihres Unvermögens im zwischenmenschlichen Bereich. Sie kommen mit ihren Kollegen, ihrem Chef, mit Kunden oder allen zusammen einfach nicht zurecht.

Wie also würde Buddha die richtige Person für einen Job auswählen? Eigentlich hat Buddha niemanden eingestellt – er zog Anhänger an, Menschen, die von ihm lernen und seinem Beispiel folgen wollten. Unser Einstellen unterscheidet sich also von Buddhas Vorgehen, aber das Verstehen von Buddhas Lehren kann uns doch eine Vorstellung davon vermitteln, wie er vorgehen würde, wenn er heute in einem Unternehmen tätig wäre.

Buddha würde im Innern beginnen, er würde seinen Geist dazu benutzen, um zu klären, nach welcher Art von Mensch er eigentlich sucht. Er würde die Kriterien Charakter und Kompetenz einbeziehen. Er würde auf Rechtschaffenheit achten und darauf, dass der Betreffende seinen eigenen spirituellen Weg geht. Und er würde ein Umfeld schaffen, das jemanden anzieht, der die nötigen Fähigkeiten für den Job besitzt oder diese Fähigkeiten erwerben kann.

Zweitens würde Buddha sich all das zunutze machen, was wir durch Untersuchungen über Erfolgsfaktoren am Arbeitsplatz wissen – er würde die Erfahrung und Weisheit derer nutzen, die Bewerber und ihre Leistungsnachweise studieren. Buddha war ein methodischer Mensch und ließ sich nicht von Launen und Impulsen leiten. Es folgen einige Punkte, die in diesem Sinne zu beachten wären:

Sorgen Sie dafür, dass Sie genügend Bewerber haben, indem Sie Ihr Netz so weit wie möglich auswerfen. Beschränken Sie Ihre Suche nicht auf nahe liegende Kandidaten.

Seien Sie sich darüber im Klaren, was Sie wollen. Überlegen Sie sich genau, was für den Job erforderlich ist. Stellen Sie eine Liste der Pflichten und Aufgaben zusammen. Machen Sie eine Liste mit den Ergebnissen, die Sie erzielt haben wollen. Erstellen Sie eine Liste der persönlichen Eigenschaften, nach denen Sie Ausschau halten.

Überlegen Sie, was dazu gehört, um in Ihrem speziellen Unternehmen und/oder in Ihrer Abteilung Erfolg zu haben. Denken Sie an Menschen, die Erfolg haben, und listen Sie die Verhaltensweisen und Charaktereigenschaften auf, die sie so erfolgreich machen. Die neu hinzukommende Person muss nicht einfach bloß gut zu dem Job passen, sie muss auch gut zu Ihrer Unternehmenskultur passen.

Beteiligen Sie viele Menschen an dem Bewerbungsverfahren. Andere werden Dinge sehen, die Ihnen entgehen oder die Sie übersehen.

Stellen Sie Fragen nach dem Verhalten. Am besten lässt sich künftiges Leistungsvermögen aufgrund vergangener Leistungen vorhersagen. Stellen Sie harte Fragen: «Schildern Sie einen Fall, bei dem Sie es mit einem schwierigen Kunden zu tun hatten. Wie haben Sie das geschafft?» – «Erzählen Sie mir, wie Sie einmal einen schweren Fehler gemacht haben. Wie haben Sie ihn behoben?» – «Berichten Sie mir von einem Konflikt mit Ihrem Chef. Was haben Sie in diesem Fall getan?» Fragen wie diese machen reale Verhaltensweisen sichtbar und enthüllen die wahren Werte und den Charakter des Kandidaten.

Personalfachleute erklären uns, dass hypothetische Fragen praktisch sinnlos sind. Jeder kann sich leicht eine Antwort ausdenken etwa auf: «Wie würden Sie ein Lieferantenproblem lösen?» Die Menschen erfinden hübsche Geschichten, wenn sie sich in hypothetische Situationen versetzen – solche Projektionen sagen nur selten etwas darüber aus, wie sich diese Leute tatsächlich verhalten werden.

Sorgen Sie dafür, dass auch der Kandidat Gelegenheit hat, viele Fragen zu stellen. Das Einstellen sollte ein zweigleisiger Prozess sein. Er bietet die Chance, aktives Zuhören zu praktizieren. Sie können genauso viel über einen Kandidaten aus den Fragen, die er stellt, erfahren wie aus den Antworten, die er gibt.

Lassen Sie sich beim Einstellen Zeit. Übereiltheit am Anfang kann später teuer werden, wenn Sie merken, was Sie übersehen haben.

Wenden Sie nach Möglichkeit Eignungstests an – einen Schreibmaschinentest, eine Computersimulation, ein Rollenspielszenarium oder sonst einen Test, mit dem sich die Fähigkeiten, die für den Job erforderlich sind, wirklich herausfinden lassen.

Schauen Sie nicht nur auf die vergangenen Leistungen einer Bewerberin, sondern denken Sie auch an ihr künftiges Potenzial. Erkundigen Sie sich nach unspezifischen Fähigkeiten, die sich bei jedem Job anwenden lassen: Kalkulieren, Organisieren, Probleme lösen, Schreiben, Präsentationen machen, neue Ideen haben, Kosten sparen, mit anderen gut zusammenarbeiten, und so weiter. Die Kandidatin hat vielleicht noch nicht diesen bestimmten Job ausgeübt, über den

Sie sich mit ihr unterhalten, aber wenn sie die richtigen unspezifischen Fähigkeiten besitzt, kann sie sich leicht einarbeiten und den Job erfolgreich erledigen. Kluge Arbeitgeber stellen Bewerber auch im Hinblick auf ihr Potenzial ein, nicht bloß aufgrund ihrer vergangenen Erfahrungen.

Achten Sie darauf, dass Sie gegenüber den Bewerbern hinsichtlich der Beschaffenheit des Jobs wie des Entwicklungspotenzials aufrichtig sind. Sie wollen doch nicht, dass die Betreffenden enttäuscht kündigen, wenn sie die Wahrheit herausfinden. Ein guter Kandidat prüft Sie genauso, wie Sie ihn prüfen – Sie müssen mit der gleichen Aufrichtigkeit handeln, die Sie verlangen.

Schließlich sollten Sie sich jemanden besonders sorgfältig anschauen, der sehr eloquent ist oder Fragen mit aalglatten Antworten ausweicht. Achten Sie darauf, ob er auch noch andere Fähigkeiten hat, als nur ein großartiges Bewerbungsgespräch zu führen. Hören Sie dem Kandidaten genau zu, beobachten Sie, wie er sich verhält, wenn er nervös ist, stellen Sie harte Fragen, seien Sie geduldig, und bemühen Sie sich, seinen wahren Charakter zu ermitteln.

All das kostet Zeit, gewiss. Aber Sie können diese Zeit entweder vor dem Beginn der Arbeitsbeziehung investieren oder später, wenn Sie für Disziplin sorgen, betreuen, umbilden, gar entlassen und wieder neu einstellen müssen. Sie entscheiden, wo Sie Ihre Zeit lieber investieren wollen.

Wie würde Buddha
Ausbildungsabteilungen beraten?

Glaube nicht, dass ich ein «Lehrsystem» zu schaffen beabsichtigte,
um den Menschen dabei zu helfen, den Weg zu erlernen.
Halte nicht an einer solchen Vorstellung fest. Was ich lehre,
ist die Wahrheit, die ich gefunden habe.
Ein «Lehrsystem» bedeutet nichts, weil sich die Wahrheit
nicht in Stücke teilen und in einem System wieder
zusammensetzen lässt.
«Diamant-Sutra» 6

Immer wieder entzieht sich Buddha unseren Bemühungen, ihn oder seine Lehre in einem hübschen kleinen System festzunageln. Er weiß, wie sehr wir uns nach Sicherheit und Ruhe in einer Welt sehnen, die sich ständig verändert. Wir wollen von ihm diese «Sieben leichten Schritte zur Erleuchtung» oder «Die zehn Spitzenmöglichkeiten, das Nirvana jetzt zu erlangen». Sehen Sie sich einfach mal die heutigen Bestsellerlisten an – zahllose Bücher wollen uns weismachen, sie wüssten Bescheid. Wir lieben diese Bücher, die uns ein wunderbares Leben verheißen, wenn wir x Stufen, Tipps oder Checklisten folgen. Sogar im Buddhismus gibt es jede Menge Listen, aber Buddha erklärt nie, den Weg zu erlernen und ihn zu beschreiten sei so einfach wie das Abhaken einer Liste.

Stattdessen sagt Buddha, dass Lehrer dem Drang widerstehen müssen, einfache Rezepte zu geben. Ausbilder dürfen keine falschen Versprechungen machen, indem sie die Komplexität des Berufs zu sehr vereinfachen. Das Lernen kann nie systematisch sein, da jeder Mensch anders lernt. Jeder muss experimentieren, Fehler machen, kämpfen, Fragen stellen, Alternativen erkunden und sich auf dem Weg zu erleuchteter Arbeit selbst zurechtfinden.

Buddha stand seinen Schülern zur Seite, um ihnen zu helfen, ihren Weg zu finden. Heutzutage können Lehrer das meist nicht tun, also müssen sie ein Lernumfeld schaffen, in dem Menschen herausgefordert werden, Probleme zu lösen und Ziele zu erreichen, in Zusammenarbeit mit anderen. Bei der Arbeit kann alles Teil des Erleuchtungsprozesses sein. Der frühere US-Präsident Ronald Reagan hat einmal gesagt: «Das beste Ausbildungsprogramm ist ein Job.» Buddha gäbe ihm Recht.

Was würde Buddha tun, um die Moral von Mitarbeitern zu heben?

> Befreie dich von deinem egoistischen Geist, und erschaffe
> dir einen Geist, der ernsthaft auf andere konzentriert ist.
> Jemanden glücklich zu machen inspiriert ihn dazu,
> jemand anders glücklich zu machen. So breitet sich das Glück
> von einer Handlung aus. Eine Kerze kann Myriaden
> anderer Kerzen entzünden und weiterhin genauso lange
> wie zuvor leuchten. Das Glück mit anderen zu teilen
> verringert es niemals.
> *«Sutra in 42 Abschnitten» 10*

In dieser Passage erläutert Buddha eine ebenso einfache wie großartige Wahrheit. Je mehr wir uns bemühen, das Glück zu erlangen, desto geringer ist die Wahrscheinlichkeit, dass wir es erfahren. Glück wird uns nicht zuteil, wenn wir «zuerst an uns selbst denken», wenn wir fragen: «Was ist da für mich drin?»

Wie heben wir also die Moral unserer Mitarbeiter und machen sie glücklicher? Sehen Sie sich an, was Buddha tat. Er verlangte nicht mehr Betriebsausflüge oder Wohlfühl-T-Shirts für alle. Vielmehr lebte er mit seiner Gemeinde; er sammelte mit dem jüngsten Mönch Almosen; er ermutigte seine Jünger durch sein Beispiel und seine ständige Gegenwart. Er teilte mit ihnen, was er besaß, sein eigenes Glück, und das ging ihm nie aus.

Buddhas Beispiel und Gegenwart lehrten selbst den niedrigsten Mönch: Wenn er seine Moral heben wolle, könne er gleich dort anfangen, wo er sei, indem er sich nach jemandem umsehe, mit dem er teilen könne. Helfen Sie also jemandem, der etwas lernen muss oder zurückhängt. Ihre Klagen über die Moral werden diese nicht heben. Verfluchen Sie nicht die Dunkelheit – zünden Sie die Kerze eines anderen an.

Was würde Buddha im Hinblick auf die Sicherheit des Arbeitsplatzes lehren?

Als Sammlung ihrer Finger
Ist eine Hand kein unabhängiges Ding.
Das gilt auch für die Finger, die aus Gelenken bestehen.
Und auch diese Gelenke bestehen aus kleineren Teilen.
Diese Teile sind sodann in Atome eingeteilt,
Und Atome spalten sich in verschiedene Richtungen.
Zuletzt zerfallen diese Fragmente zu nichts.
Alle sind leer, es fehlt ihnen die wirkliche Existenz.
Bodhicharyavatara 9,85 f.

Wir hätten gern einen sicheren Arbeitsplatz. Generell hätten wir gern Sicherheit. Das ist natürlich, aber auch unrealistisch. In unserer Wirtschaft gehen die meisten Menschen schon lange nicht mehr davon aus, dass sie ihr ganzes Arbeitsleben in einem Unternehmen verbringen. Aber viele Leute jammern noch immer der «guten alten Zeit» nach, als Mitarbeiter ihrem Unternehmen gegenüber loyal waren und umgekehrt. Aber diese gute alte Zeit war nur ein kurzes Aufblitzen in der gesamten Geschichte der Arbeit. Die Vorstellung von Arbeitsplatzsicherheit gibt es erst seit etwa 100 Jahren, als ein Phänomen, das mit der Entwicklung des modernen Kapitalismus, der Industriellen Revolution, einer noch nie dagewesenen Auswahl an Jobs und dem Verlangen des menschlichen Geistes nach Dauer und Stabilität aufkam.

Buddha erinnert uns daran, dass Unternehmen wie alle

Dinge vergehen. Wir stellen uns unser Unternehmen gern als real und solide vor, besonders, wenn wir damit rechnen, eine Zeit lang dort zu arbeiten. Aber Unternehmen sind nur so solide wie ihre Strukturen. Und Strukturen sind nur so solide wie ihre Mitarbeiter. Und Mitarbeiter sind nur so solide wie ihr Geist und ihr Körper. Und wie wir alle erleben, verändern sich Körper und Geist im Laufe der Zeit.

Sehen Sie sich an, was das *Bodhicharyavatara* über unseren Körper sagt. Er besteht aus vielen Teilen, wie Füßen und Händen. Aber Hände bestehen aus Fingern, Finger aus Gelenken und Gelenke aus noch kleineren Teilen, bis hinunter zu Atomen, Elektronen, Quarks und anderen Teilchen, die extrem kurz existieren und wieder absterben. Wo ist die Solidität in all dem? Buddha sagt uns, dass sie nirgends ist. Dauer und Solidität existieren nicht – es wird sie nie geben.

Heute erkennen wir, dass die Arbeitsplatzsicherheit immer schon eine Illusion war: ein aus Sehnsucht und den Umständen geborener Mythos. Wir sind aus unserer Illusion erwacht. Es gibt keine Arbeitsplatzsicherheit, es hat sie nie wirklich gegeben. Unsere einzige Arbeitsplatzsicherheit ist unsere Fähigkeit, uns einen Arbeitsplatz zu sichern. Arbeiten Sie daran.

Was würde Buddha tun, um die berufliche Entwicklung zu steuern?

Zum Wässern gräbt dem Wasser man ein Bett,
Die Pfeilemacher Pfeile grade biegen,
Und Zimmerleute biegen krumm ein Brett,
Wogegen Weise, wisst, ihr Selbst besiegen.
Dhammapada 80

Die Welt ist voller reicher natürlicher Ressourcen, die mit ein wenig Gestaltung und Führung menschliche Bedürfnisse bestens befriedigen. Ingenieure leiten Wasser in Kanäle, sodass das Wasser für uns arbeiten kann. Pfeilmacher fertigen Pfeile für die Jagd und für unseren Schutz an. Baumeister schneiden und schnitzen Holz zu Möbeln und Häusern, damit wir ein bequemeres Leben haben. Sie alle pflegen und nutzen natürliche Ressourcen für unsere Zwecke.

Und wer nutzt auf diese Weise die natürliche Ressource der Menschheit? Buddha sagt, das täten wir selbst. Es gibt niemand außerhalb von uns, der uns zu besseren Menschen formt – das müssen wir schon selbst tun. Wie Ingenieure müssen wir unsere Energie kanalisieren. Wie Pfeilmacher müssen wir unsere Fertigkeiten präzise schärfen. Wie Schreiner müssen wir unseren Geist glätten, um Frieden und Wohlbehagen zu genießen. Wir bearbeiten den Rohstoff unseres Lebens, und wir sind verantwortlich für das, was wir daraus erschaffen.

Somit sind wir auch für unsere Entwicklung als Arbeitnehmer verantwortlich. Wir sollten nicht nach jemand anderem suchen, der unsere Fertigkeiten verfeinert und unser Talent für uns entwickelt. Das muss jeder von uns für sich selbst tun. Nur ein Narr sitzt abwartend da und sagt: «Da bin ich, Chef. Bring mir etwas bei, und mache aus mir, was du willst.» Der Weise ergreift die Initiative und sagt: «Hier sind meine Karriereziele, dies sind meine Talente und Fähigkeiten, und dies ist die Art von Ausbildung, die ich meiner Meinung nach brauche, um meine Ziele zu erreichen. Kann ich auf deine Unterstützung zählen?» Die Weisen meistern sich selbst.

MENSCHLICHE PROBLEME LÖSEN

Es gibt keine Antworten –
kümmere dich liebevoll um sie

Was würde Buddha über
Unternehmenspolitik sagen?

Wo ist
Die Liste
Der Dinge
Die *nicht*
Zu verehren sind?
Lawson Fusao Inada, «The List»

Die offiziellen Grundsätze und Verfahrensweisen der meisten Unternehmen sind weitere Beispiele für unsere Neigung, das Leben kontrollieren zu wollen, es vorhersagbar, beherrschbar, konsequent und gerecht zu machen. Als ob der Ruf nach Ordnung genügen würde, um sie zu schaffen!

Auch wenn die Absicht, Ordnung zu schaffen, nicht schlecht sein muss, ständig aufrechterhalten lässt sie sich nicht. Immer tauchen neue Situationen und Probleme auf, und dafür haben wir uns noch keine Regeln ausgedacht. Also führen wir weitere Regeln ein. Wir legen uns ausgeklügelte Formeln und ausführliche Erklärungen zurecht, um unsere Regeln präzise zu machen. Wir publizieren dicke Handbücher zu unserem Grundsatzprogramm, damit jeder weiß, welche Regeln es gibt (auch wenn nur wenige sie lesen werden), und unsere Arbeitswelt wird so sicher, ordentlich und gut organisiert sein wie möglich. Unsere Handbücher haben eine Antwort auf jede Möglichkeit parat …, nun ja, auf fast jede Möglichkeit. Wir stellen weitere Regeln auf, aber nie streichen wir welche von den alten. Wir fangen an, unsere

Grundsätze und Verfahrensweisen zu verehren – sie werden heilige Texte.

Das passiert sogar in Buddhas Organisation, dem Sangha. Zu Buddhas Lebzeiten entwickelte sich dort ein ausgeklügeltes System von Regeln für alle möglichen Alltagssituationen. Kurz bevor Buddha starb, erklärte er den Mönchen, sie könnten alle Regeln bis auf die wenigen Hauptregeln abschaffen. Das Problem war nur, dass sie nicht sagen konnten, welche Regeln wichtig waren und welche nicht – das Buch der Regeln war erstaunlich starr geworden, ein richtiger heiliger Text. Das hat Buddha nicht gewollt.

Buddha wusste, dass Regeln uns oft schaden. Wir verlieren den Geist des Grundsatzprogramms aus den Augen, und wir verzetteln uns in der buchstabengetreuen Befolgung der Grundsätze. Wir verfangen uns in endlosen bürokratischen Details, verheddern uns in unentrinnbaren Netzen, die von eifrigen Spinnen in Nadelstreifenanzügen gewoben werden. Wir werden gelähmt und verlieren die Effizienz, die die Regeln doch schützen sollten.

Nur wenige Unternehmen verstehen dieses Problem besser als Nordstrom, eine Kaufhauskette, die für ihren hervorragenden Kundendienst und ihre exzellente Personalpolitik weltberühmt ist. Ihr Handbuch für Mitarbeiter besteht nur aus einer Seite und einer Regel:

Regel Nr. 1: Gebrauchen Sie Ihr Urteilsvermögen in allen Situationen. Es gibt keine weiteren Regeln.

Buddha würde lächeln.

Was also würde Buddha im Hinblick auf Grundsätze und Verfahrensweisen heute tun? Wenn er nicht bei Nordstrom

arbeiten würde, nähme er vielleicht die Seiten des Grundsatzprogramms seines Unternehmens und würde damit den Bo-
den eines Singvogelkäfigs auslegen. Wenn die Seiten endlich
alle verbraucht wären, würde er den Käfig öffnen und den
Singvogel freilassen.

Was würde Buddha im Hinblick auf Lohn und Sozialleistungen tun?

Wenn du dich einen Bodhisattva nennst, doch andere ignorierst und einen anderen Weg gehst, dann ist das völlig absurd. Das ist, als würdest du dein Kind töten und dann seine Habseligkeiten aufbewahren.
«Das Kostbare Juwel der Lehre» 10

Wenn wir uns den Namen eines Bodhisattva verdienen wollen, eines Menschen, der wahrhaft zum Wohl aller Lebewesen wirkt, dann dürfen wir die Bedürfnisse anderer nicht nur nicht ignorieren, sondern müssen uns in erster Linie um sie kümmern. Wir dürfen nicht so reden und dann anders handeln. Der klassische tibetische Text, den wir hier zitieren, bringt dies eindrucksvoll zum Ausdruck. Und seine Metaphorik macht unmissverständlich klar, wie wichtig Lohn und Sozialleistungen für Arbeitnehmer sind.

Um dieses Zitat anzuwenden, sollten wir den Unternehmer oder Manager in der Rolle des Vaters sehen. Die Pflicht des Vaters besteht darin, auf die Bedürfnisse des Kindes (des Arbeitnehmers) zu reagieren. Dieser Text warnt uns davor, falschen Werten aufzusitzen und uns mehr um die Habseligkeiten des Kindes zu kümmern als um das Kind selbst, solange es am Leben ist. Nur das Kind zählt.

Das gilt auch für Arbeitnehmer. Alle Unternehmer sagen: «Unsere Leute sind unser wichtigstes Kapital.» Doch wenn wir uns die internen Praktiken vieler Unternehmen ansehen, entspricht die Wirklichkeit oft nicht der Rhetorik. Eine kleine Elite an der Spitze erntet die Früchte der Arbeit aller anderen, und die Kluft zwischen den Gehältern leitender Angestellter und dem Lohn der normalen Arbeitnehmer nimmt geradezu obszöne Ausmaße an. Die Ausbildung wird als Bonus oder Vergünstigung betrachtet, nicht als Investition. Die Sozialleistungen decken nicht die wahren Bedürfnisse ab. Kostensenkungen führen oft zur Auszehrung des Unternehmens. Ungeachtet dessen, was die Unternehmer öffentlich erklären, schätzen zu viele Unternehmen Gewinne mehr als Menschen.

Buddha hingegen sagt, ein Unternehmer müsse auf die wahren Bedürfnisse der Arbeiter reagieren. Wenn die Menschen wirklich Ihre wichtigste Ressource sind, sollte sich das im gesamten Unternehmen widerspiegeln, auch im Lohn, in den Sozialleistungen, in Prämien und Anerkennungen, Managementpraktiken, in der Ausbildung, in Arbeitsplatzbezeichnungen, in der gemeinsamen Nutzung von Arbeitsraum und Ressourcen, in der Arbeitszeit, in den Chancen auf Aufstieg und Beförderung und vielem mehr.

Was würde Buddha in Fragen der Vielfalt empfehlen?

So wie die Buddha-Länder vielfältig in ihren Eigenschaften,
aber ohne Unterschied sind wie der Himmel,
so sind auch die Erwachten vielfältig ihren Körpern nach,
aber ohne Unterschied in ihrem Verständnis.
Vimalakirtinirdesha-Sutra 11

Vielfalt ist für Buddha ein paradoxes Thema, denn auf der tiefsten Ebene gibt es keine echte Vielfalt. Vielfalt impliziert Getrenntsein, aber wenn wir zum (Nicht-)Wesen der Dinge gelangen, gibt es kein Getrenntsein – wir sind alle Nicht-Zwei.

Doch wenn wir uns umschauen und andere Menschen betrachten, nehmen wir natürlich Vielfalt wahr – in Bezug auf Hautfarbe, Körperformen, Alter, sexuelle Neigung, Persönlichkeit, Arbeitsweise, Werte, Denkmuster, Fähigkeiten, Talente, und so weiter. Für uns sieht es so aus, als würden sich die Menschen stark voneinander unterscheiden, und zwar auf vielen unterschiedlichen Ebenen. Was sollen wir also mit der Vielfalt anfangen, da wir auf dieser praktischen Ebene leben müssen?

Die obige Lehre macht klar, welchen Weg wir einzuschlagen haben. Wir sollen unsere menschlichen Unterschiede akzeptieren und schätzen und erkennen, dass jedem das Seine gebührt. Der Buddhismus hat stets die Vielfalt der Menschen, auch der Erwachten, gefeiert, weil er ihre fundamentale Einheit erkennt. Im Grunde können Sie Anhänger des

Buddhismus und gleichzeitig einer anderen Religion sein. In Asien sind viele Buddhisten auch Konfuzianer, Taoisten oder Anhänger einer lokalen Religion. Der Buddhismus hat sich stets der Vielfalt der Kulturen angepasst, in denen er sich ausgebreitet hat. Auch in Nordamerika – siehe dieses Buch.

Wie der Buddhismus die Vielfalt von Ländern und Menschen aufnimmt, so auch die Vielfalt am Arbeitsplatz. Jobs, Arbeitsräume, Kommunikation, Arbeitszeiten, Sozialleistungen, Sonderleistungen, Arbeitsweisen, bevorzugter Führungsstil – all das sollte sich der Vielfalt der Menschen und Kulturen anpassen. Wir dürfen nicht auf Einheitspraktiken beharren, denn das würde der Vielfalt schaden, mittels derer die Dinge funktionieren.

Paradoxerweise sind wir alle auf einer tieferen Ebene gleich. Wir sind für die Vielfalt, weil wir wissen, dass wir uns im Grunde so ähnlich sind. Wir alle wollen einen fairen Lohn für unsere Arbeit; wir wollen, dass unsere Beiträge geschätzt und anerkannt werden; wir wollen Respekt; wir wollen eine interessante, sinnvolle Arbeit; wir wollen genug Geld verdienen, um unseren Lebensunterhalt zu bestreiten; wir wollen Freundlichkeit und Mitgefühl von anderen; wir wollen uns wohl fühlen bei dem, was wir für unseren Lebensunterhalt tun, und so weiter.

Die Schwierigkeit der Vielfalt besteht aus Buddhas Sicht darin, sowohl unseren Unterschieden als auch unserem fundamentalen Einssein gerecht zu werden. Wenn wir alle genau gleich behandeln, schaden wir der menschlichen Vielfalt und Einzigartigkeit. Wenn wir alle unterschiedlich behandeln, wie sollen wir dann Gleichheit und Gerechtigkeit bewahren?

Halten wir uns doch an das Modell der Familie, denn ein Unternehmen ist in vielerlei Hinsicht wie eine Familie. Wenn es in einer Familie mehrere Kinder gibt, wissen die Eltern, dass jedes von ihnen eine etwas andere Art der Zuwendung braucht, da jedes Kind einzigartig ist. Aber Eltern wissen auch, dass sie fair sein müssen, indem sie jedes Kind gerecht behandeln. Das ist sehr schwer. Es erfordert, dass man sich der Bedürfnisse ständig bewusst ist, die jedes Kind auf seiner jeweiligen Entwicklungsstufe hat, sie gegen die Bedürfnisse der anderen Kinder abwägt und mit dem richtigen Augenmaß in jeder Situation Zeit, Energie, Disziplin, Aufmerksamkeit und Liebe parat hat. Dies erfordert auch, dass man all das immer wieder mit den Kindern selbst aushandelt. Alle, Eltern wie Kinder, müssen mitspielen, um die Gerechtigkeit innerhalb der Familie aufrechtzuerhalten.

Und genauso ist es am Arbeitsplatz. Alle, das Management wie die einfachen Arbeiter, müssen mitspielen, um ein der Vielfalt wohlgesonnenes, erleuchtetes Unternehmen zu schaffen. Dies erfordert eine ständige Kommunikation, ein häufiges Verhandeln und Neuverhandeln, Flexibilität, Bereitschaft zur Veränderung und vor allem Mitgefühl und Bescheidenheit. Ist das einfach? Nein. Ist es das wert? Buddha sagt: Ja.

Wie würde Buddha Klischees und Vorurteilen begegnen?

… alle Frauen erscheinen in der Form von Frauen,
aber sie erscheinen in der Form von Frauen,
ohne Frauen zu sein.
Vimalakirtinirdesha-Sutra 7

Dies ist eine Variante von «Sie können ein Buch nicht nach seinem Umschlag beurteilen». Das Sutra erklärt Formen zu künstlichen Konstrukten, zu Wahnvorstellungen, die auf unserer Neigung basieren, Menschen zu kategorisieren und ihre tiefere Buddha-Natur zu übersehen. Als Menschen sind wir schnell dabei, andere Menschen mit Etiketten zu versehen: Frauen, Männer, schwarz, weiß, Asiaten, Latinos, alt, jung, heterosexuell, schwul, Angestellte, Arbeiter, Management, Arbeitnehmer, und so weiter. Indem wir andere etikettieren, glauben wir, sie seien von uns getrennt, «anders» als wir. Mit unseren Klischees ignorieren wir völlig, dass wir alle Nicht-Zwei sind, miteinander verbunden und verknüpft, wie die Finger an einer Hand.

Wenn wir überhaupt ein Wesen haben, dann die Buddha-Natur; der Weg der Erleuchtung zeigt uns, wie wir zu dieser Tatsache erwachen. Bis wir erwachen, etikettieren wir andere als minderwertig, weil wir uns noch nicht unserer eigenen Buddha-Natur bewusst sind und im weiteren Sinne der Buddha-Natur aller.

Diejenigen, die andere mit Klischees belegen, verdienen am wenigsten Mitgefühl, brauchen aber am meisten. Sie schlafen, gefangen in Verlangen und Bindung, getrieben von Angst und Zorn, der Erleuchtung überaus bedürftig – genau wie wir, aber noch mehr. Auch Sexisten und Rassisten erscheinen in ihren Formen, ohne diese Formen zu sein. Befreien Sie sich selbst, indem Sie sie von sich selbst befreien.

Was würde Buddha im Hinblick auf den Sexismus tun?

> Du willst vielleicht etwas, oder du bist
> unglücklich, aber wenn du dich davon nicht
> verleiten lässt zu denken: «Es ist so,
> weil ich nur eine Frau bin» …, dann bist du
> selbst Buddha.
> *Zen-Meister Bankei*

Bankei spricht Klartext: Solange eine Frau nicht meint, ihr Geschlecht setze ihr Grenzen, ist sie bereits Buddha. Wenn sie Buddha ist, nun, dann kann sie wohl alles sein, was sie am Arbeitsplatz sein will. Dies ist die erste Lektion über Sexismus: Der Buddha in Ihnen ist nicht sexistisch und respektiert weder den Sexismus noch irgendeine andere Art von Vorurteil. Machen Sie sich nicht selbst oder jemand anderen schlecht aufgrund des Geschlechts.

Hier eine weitere Lektion, diesmal aus der Geschichte. Der historische Buddha lebte in einer ungeheuer sexistischen Kultur vor 2500 Jahren. Als Produkt dieser Kultur war er nicht vorurteilsfrei – er glaubte, ein Nonnenorden würde die Autorität des Buddhismus mindern. Aber er räumte ein, dass Frauen Buddhas werden konnten, also ließ er sie Nonnen sein. Wir schätzen, dass er mit dieser Maßnahmen seiner Zeit um 2450 Jahre voraus war. Wenn er damit 50 Jahre hinter unserer Zeit her hinkt, ist das noch immer großartig. Wir sollten uns alle bemühen, unserer Zeit 2450 Jahre voraus zu sein. Glauben Sie, Frauen werden in 2450 Jahren als völlig gleich anerkannt sein? Dann tun Sie, was Buddha tun würde, und fangen Sie heute an, danach zu handeln.

Hier ist Lektion Nummer drei. Bankei ging von der Position des historischen Buddha aus. Die besten Formen der buddhistischen Tradition entwickeln und verbessern sich ständig. Genau wie die Frau, die Bankei anspricht, sind sie nicht Gefangene ihrer Probleme, weil sie nicht Gefangene ihrer Selbstdefinitionen sind. Dies ist das Vorbild für uns alle, gleich welchen Geschlechts wir sind. Lassen Sie sich nicht von Ihren eigenen selbstbeschränkenden Überzeugungen einengen. Selbst wenn Sie nur ein Mann sind, sind Sie immer noch ein Buddha.

Was würde Buddha
bei sexueller Belästigung tun?

Menschen, die nicht genug Ruhm, Geld und Sex
bekommen können, sind wie Kinder,
die Honig von einer Messerklinge lecken.
«Sutra in 42 Abschnitten» 22

Buddha machte unmissverständlich klar, in welche Schwierigkeiten wir geraten, wenn wir unseren Begierden im Übermaß nachgeben. Gewiss, das Bedürfnis nach Anerkennung, Geld und Sex ist normal, aber wenn wir es nicht zügeln, fordern wir den Ärger geradezu heraus. Egal, ob Sie auf Ruhm, Reichtum oder Sex aus sind – all diese Begierden schneiden wie Messer.

Die Fachleute sind sich einig, dass sexuelle Belästigung fast nie etwas mit Sex zu tun hat, sondern mit Macht und Herrschaft. Ein sexueller Aggressor am Arbeitsplatz möchte demonstrieren, dass er (und sexuelle Belästigung geht zu 94 Prozent von Männern aus) das «Alphamännchen» ist, das sich seine Weibchen aussuchen kann. Das ist primitives tierisches Verhalten. Vielleicht ist der Sex ja ganz nett, aber im Grunde geht es dabei darum, wer das Sagen hat.

Was also lehrt uns Buddha im Hinblick auf die Gier nach Macht und Kontrolle? Wie jede äußerliche Beute können Sie auch diese vielleicht gewinnen, aber es ist nur eine Frage der Zeit, bis jemand Größerer und Stärkerer als Sie «das Sagen hat». Ihre Gier wird bleiben, aber nicht befriedigt werden.

Und was würde Buddha auf der praktischen Ebene gegen

sexuelle Belästigung tun, wenn er in einem modernen Unternehmen arbeiten würde? Wenn wir uns seine Lehren ansehen, lassen sie sich folgendermaßen auf dieses Problem anwenden:

Zuerst würde Buddha sich selbst betrachten und dafür sorgen, dass sein eigenes Verhalten über jeden Tadel erhaben ist. Rechtes Reden und rechtes Handeln sind von zentraler Bedeutung für den Pfad.

Wäre Buddha ein Chef, würde er seine Mitarbeiter über die Gesetze hinsichtlich sexueller Belästigung aufklären – und zwar über den Geist der Gesetze wie über ihren Wortlaut. Diese Gesetze basieren auf dem Respekt gegenüber allen Menschen und vor ihrem Recht, sich sicher zu fühlen, wo sie arbeiten (Buddha würde vom Wohlbefinden aller Menschen sprechen). Er würde nicht nur das Gesetz lehren, sondern auch die Moral menschlicher Beziehungen, auf der das Gesetz beruht.

Und Buddha würde jeder Belästigung Einhalt gebieten, wenn er sie um sich herum erleben würde, ob er nun der Chef oder ein einfacher Arbeiter wäre. Er wusste, dass das Wohlergehen Einzelner vom Wohlergehen der ganzen Gruppe abhängt. Jeder ist dafür zuständig, ein belästigungsfreies Umfeld zu erhalten, denn jede Belästigung wirkt sich auf alle Arbeitenden aus.

Wie würde Buddha zwischen streitenden Kollegen vermitteln?

Ich werde nicht niedergeschlagen sein wegen des Streitens
Kindischer Menschen, ihrer kleinlichen Auseinandersetzungen.
Ihre Worte entstehen aus Konflikten und Emotionen.
Vielmehr werde ich sie verstehen und ihnen Liebe geben.
Bodhicharyavatara 5,56

Buddha ist vor allem mitfühlend. Er verurteilt die Streithähne nicht als schlechte Menschen, sondern sieht in ihnen nichts anderes als Streithähne. Sie sind, wo sie auf ihrem Pfad sind. Wir sollten nicht entmutigt, deprimiert oder erzürnt sein, wenn unsere Kollegen sich streiten, genauso wenig, wie wenn wir Kinder auf dem Spielplatz streiten sehen. Da es in unserer Natur liegt zu streiten, werden viele von uns streiten. Wir müssen uns bemühen zu erkennen, dass diese Streitereien so schnell vorübergehen wie eine Kabbelei unter Kindern.

Buddha sagt, dass wir dies verstehen und liebevoll handeln sollen. Wir müssen beide Seiten anhören, verletzte Gefühle mit geduldigen Worten lindern, den Kollegen dabei helfen, Möglichkeiten oder Kompromisse zu finden, mit denen sie leben können. Buddha sagt uns, wir sollen Friedensstifter sein, mit Mitgefühl und Verständnis darauf hinwirken, dass andere reifen. Beachten Sie, dass dies nicht unbedingt heißt, sie glücklich zu machen – es heißt, sie achtsam für die Konflikte des anderen wie für die eigenen zu machen.

Was würde Buddha tun, wenn er jemanden wegen schlechter Leistungen entlassen müsste?

Der Buddha vollzieht Handlungen, die disziplinieren,
denn er will zeigen, dass negative Handlungen Folgen haben ...
Der Mönch, der die Lehre unterstützt, tut das Gleiche.
Sieht er Beleidiger oder Schädiger der Lehre,
vertreibt er sie mit Tadel.
Mahaparinirvana-Sutra 4

Natürlich lehrt Buddha uns, anderen nicht zu schaden, auch Tieren nicht, selbst Insekten nicht, wenn wir es vermeiden können. Aber das heißt nicht, dass wir die Termiten unser ganzes Haus auffressen lassen müssen. Manche Mitarbeiter sind wie Termiten. Sie schwächen das gesamte Unternehmen, schaden anderen Mitarbeitern und oft auch Kunden. Buddha würde sagen, dass sie gehen müssen. Zum Glück müssen wir sie nicht wie Termiten umbringen, aber manchmal müssen wir sie entlassen.

Wenn jemand Disziplin braucht, müssen wir für Disziplin sorgen, manchmal sogar durch Hinauswerfen. Dies kann schwer für uns sein – weil wir vielleicht nur ungern diesem Menschen schaden wollen oder aber, weil wir ihm zürnen und ihm durchaus schaden wollen. Hier müssen wir uns auf das Wesentliche besinnen: auf Mitgefühl und Weisheit.

Buddha sagt uns, dass wir Menschen entlassen sollen, aber nur, wenn ihr negatives Handeln Wirkung gezeigt und bewiesen hat, dass wir ihnen unsere Lehre, unser Unternehmen, unsere Vergünstigungen vorenthalten müssen. Wenn wir jemanden entlassen, müssen wir wissen, warum wir dies tun. Wir entlassen jemanden, weil wir uns um jeden Menschen am Arbeitsplatz kümmern wie um jeden, dem wir dienen. Wir schaden jedem von ihnen, wenn wir zulassen, dass ein Mensch in Frage stellt, was wir tun, denn ein Unternehmen ist nur so stark wie sein schwächster Mitarbeiter. Das ist Weisheit. Wir schaden im Grunde problematischen Menschen, wenn wir uns nicht mit ihren schwachen Leistungen oder ihrem Fehlverhalten befassen, denn sie werden nie lernen, es besser zu machen, wenn sie nicht die Folgen ihres Verhaltens erfahren. Wir dürfen hier nicht passiv sein, auch wenn wir so sacht handeln, wie wir können. Das ist Mitgefühl.

Buddha würde also nur ungern einen Mitarbeiter entlassen, wäre sich seiner Sache aber sicher, weil er es für das höhere Wohl des Unternehmens ebenso wie das des Menschen täte, der entlassen wird. Zu seiner Zeit vermochte Buddha sogar Menschen zu helfen, die er bestrafte. Von Kindheit an lernen wir wichtige Lektionen durch Strafen – wenn sie von einem Ort der Weisheit und des Mitgefühls aus erfolgen. Daher haben viele Menschen nachhaltige Lehren aus Buddhas Strafen gezogen und könnten sogar aus Ihren Strafen lernen. Es mag uns vielleicht nicht immer gelingen, gute Lehren zu vermitteln, wenn wir jemanden entlassen, aber wir müssen uns hüten, schlechte zu vermitteln.

Buddha befand sich offenbar in einer anderen Lage als wir heute. Er hatte Anhänger, die sich ihm anschlossen, um von ihm zu lernen – sie kamen nicht zusammen, um ein Produkt herzustellen oder eine Dienstleistung anzubieten. Gleichwohl können wir Buddhas Lehren über Gerechtigkeit,

Mitgefühl und Gemeinschaft nehmen und für uns selbst herausfinden, wie Buddha wohl die schwierige Aufgabe bewältigt hätte, jemanden zu entlassen. Aufgrund dessen, was wir über Buddha wissen, könnte es sich etwa so abspielen:

Erstens hätte Buddha dafür gesorgt, dass der Betreffende jede erdenkliche Chance bekommen hätte, in seinem Job Erfolg zu haben; dass er die richtige Ausbildung, Betreuung und Unterstützung bekommen hätte und nicht einfach ins kalte Wasser geworfen worden wäre, um entweder unterzugehen oder zu schwimmen. Die Entlassung sollte nie der Abschluss eines fehlerhaften Prozesses sein.

Zweitens würde Buddha sichergehen, dass der Betreffende die Chance bekommt, seine Leistung zu verbessern, sobald klar wird, dass sie nicht den Erwartungen entspricht. Er sollte mehrmals respektvoll und besorgt darauf hingewiesen werden, dass es da ein Problem gibt, und bei dem Versuch, seine Leistung zu verbessern, unterstützt werden.

Wenn der Betreffende dann immer noch nicht die angestrebte Leistung brächte, würde Buddha ihm klar und mitfühlend sagen, er würde entlassen werden, und ihm ein rasches und sauberes Ausscheiden ermöglichen.

Buddha würde dem Entlassenen oder anderen den Grund für die Entlassung nicht verschweigen. Denn nicht nur dieser Mensch kann daraus viel lernen – auch andere können dies, wenn sie sehen, welche Folgen schlechte Leistungen haben. Jeder im Unternehmen sieht gerne gute Leistungen belohnt und schlechte bestraft. Gerechtigkeit und Unparteilichkeit sind wichtige Komponenten, wenn Vertrauen ins Management und in die Praktiken eines Unternehmens entstehen soll. So wie demokratische Länder ein offenes Gerichtswesen haben, bei dem alle Bürger sich selbst davon überzeugen können, ob die Strafe dem Vergehen angemessen ist, müssen wir auch in unseren Unternehmen und Organisationen offene Systeme haben, damit wir erkennen können, dass Belohnungen und Strafen fair, gerecht und liebevoll sind.

Vor allem würde Buddha auf jeder Stufe dieses Prozesses darauf achten, dass sein Herz frei von Bosheit oder Rachsucht wäre. Vielmehr wäre sein Herz erfüllt von Güte (wenn auch einer «harten») gegenüber dem Menschen, den er entließe, seinen anderen Mitarbeitern und jedem sonst gegenüber, der Anteil an seinem Unternehmen nähme.

UNTERNEHMENSPROBLEME
UND DEREN LÖSUNGEN

Wenn es keine Lösung gibt,
gibt es kein Problem – nur Geist

Was würde Buddha im Hinblick auf den Konkurrenzkampf bei der Arbeit tun?

Die Wesen, die der Durst, sie drängend, plagt
Und in Bewegung setzt, wie man die Hasen jagt,
Die gehn, durch Haften und Gebundensein,
Zu langem Leiden fort und fort aufs Neue ein.
Dhammapada 342

Buddha vergleicht hier die Menschen im Konkurrenzkampf mit Hasen, die in eine Falle geraten sind, verzweifelt im Kreis herumhopsen, sich nicht befreien können und lange leiden müssen. Dies geschieht, wenn wir uns von der Illusion von Glück verführen lassen, die uns mit solchen Dingen wie Beförderungen, Prämien, höheren Gehältern, größeren Büros, wichtigen Stellenbezeichnungen und anderen «Möhren» vorgegaukelt wird, die vor uns baumeln, um uns dazu zu bringen, das zu tun, was unsere Vorgesetzten von uns wollen. Wir werden immer wieder von unseren Wünschen eingeholt – wir glauben, die nächste große Gehaltserhöhung werde uns glücklich machen oder beim nächsten Job werde es klappen oder wir würden den anderen Typen bei diesem Traumjob ausstechen. Aber natürlich werden wir nicht glücklich, zumindest nicht sehr lange. Wie der Hase in der Falle sind wir Gefangene unseres Verlangens nach der nächsten großen Sache.

Wir dürfen dies nicht unseren Chefs vorwerfen – schließlich jagen auch sie hinter der Möhre her, die vor ihrer Nase baumelt. Unsere unersättlichen Begierden treiben uns an, und weil wir dies wissen, denken wir uns Entschädigungssysteme, Anerkennungsprogramme und alle möglichen anderen Belohnungen aus, um einander (und uns selbst) so zu manipulieren, dass wir die Ziele des Unternehmens erreichen. Denken Sie nur einen Augenblick lang darüber nach. Ist das nicht absolut durchsichtig? Die Belohnungen eskalieren, um die Illusion aufrechtzuerhalten, dass sie schließlich einmal ausreichen werden. Aber das werden sie nie.

Es ist nicht schlecht, hinter Zielen herzujagen und am Konkurrenzkampf teilzunehmen. Das ist in Ordnung, solange Sie wissen, was Sie wirklich tun. Erwarten Sie nur nicht, dass die Belohnungen Sie glücklich machen. Nehmen Sie am Konkurrenzkampf teil aus Freude am Kämpfen.

Wie würde Buddha dem lähmenden Analysieren begegnen?

> Wenn du auch nur einen Augenblick lang ins Zweifeln gerätst,
> findet der Teufel Einlass in deinen Geist.
> *«Aufzeichnung des Lin-chi»* 17

Lin-chi hatte nicht etwa Angst vor einem Popanz, wie ihn der Film *Der Exorzist* vorführt, sondern vor etwas viel Schlimmerem: der Untätigkeit. (Wie merkwürdig, dass Zen buchstäblich die «Meditationsschule» des Buddhismus ist, aber Zen-Lehren uns immer zum Handeln anleiten.) Der große chinesische Meister Lin-chi war vielleicht der hartnäckigste buddhistische Lehrer, der uns dazu bringen wollte, diese Untätigkeit zu überwinden und etwas zu unternehmen.

Das heißt nicht, dass Sie sich Ihre Handlungen nicht sorgfältig überlegen und darauf achten sollten, in Übereinstimmung mit Ihren Prinzipien zu handeln. Die buddhistischen Lehrer sagen uns das seit 2500 Jahren. Verwenden Sie aber auch nicht zu viel Zeit darauf, sorgenvoll an das zu denken, was sein könnte. Wenn Sie ein Problem zu lange hin und her wenden, sich Sorgen wegen der unbekannten Zukunft machen, werden Sie mit Sicherheit von Ihren Zweifeln und Ihrem Unentschlossensein ruiniert werden.

Und sobald Sie Ihre Entscheidung getroffen haben, dürfen Sie einfach nicht mehr zurückschauen. Kritisieren Sie sie nicht im Nachhinein, sonst wird der Teufel des Zweifels an Ihrer Kraft zehren. Letztlich geht es im Arbeitsleben nur ums

Handeln. Erst das Handeln führt zu Produktion und Dienstleistungen. Erst das Handeln erschafft neue Produkte und macht Kunden glücklich.

Selbst falsches Handeln kann besser sein als gar keins, denn Fehler lassen sich fast immer beheben, und oft lernt man viel aus ihnen. Der Wunsch, Fehler zu vermeiden, steckt hinter dem lähmenden Analysieren, aber das ist ein unangebrachter Wunsch. Denn wenn Sie niemals Fehler machen, heißt das, dass Sie nicht genügend riskieren. Und Sie müssen etwas riskieren, wenn Sie wachsen wollen. Hätte Buddha sein Leben lang auf Sicherheit gesetzt, wäre er nie der Buddha geworden. Auf Sicherheit zu setzen führt nie zu Größe.

Was würde Buddha gegen Uneinigkeit und Fraktionen im Unternehmen tun?

Sollte irgendein Mönch in einer geeinten Gemeinschaft
eine Spaltung provozieren oder eine solche betreiben,
müssten die Mönche ihn ermahnen:
«… gewöhne dich an die Gemeinschaft,
denn eine geeinte Gemeinschaft, die sich gut versteht,
frei von internen Machtkämpfen ist, die gleichen Gelübde
und Regeln wiederholt, lebt in Frieden.»
Wenn der Mönch … damit fortfährt, sollen die Mönche ihn bis
zu dreimal auffordern aufzuhören. Wenn er aufhört,
während er aufgefordert wird, ist es gut. Wenn er nicht aufhört,
macht die Lage Gemeinschaftssitzungen erforderlich.
Vinaya-Sanghadisesa 10

Buddha und die Gemeinschaft der Mönche, der Sangha, haben diese Regeln im Laufe der Zeit entwickelt, indem sie auf Probleme reagierten, wenn sie sich ergaben. Diese Regel ist eine der wichtigsten: Den Sangha zu spalten ist nie recht, denn ein gespaltener Sangha erlangt nie wieder seine ganze Kraft und Kreativität. Das gilt auch für ein Unternehmen, eine Abteilung oder eine Arbeitsgruppe.

Wenn jemand eine Spaltung provoziert, erklärt Buddha, sollten wir versuchen, diesen Menschen wieder in die Gemeinschaft zurückzuführen. Er sagt uns sogar, wie wir das tun sollen. Buddha hat schon früh Konfliktlösungen aufgezeigt.

Erstens sollten Sie zu der betreffenden Person gehen, um

sie zu betreuen und ihr zuzureden – erniedrigen Sie sie nicht vor ihren Kollegen. Eine solche Aussprache kann bis zu dreimal erfolgen und sollte jedes Mal dringlicher sein.

Wenn das misslingt, berufen Sie die Gruppe zusammen mit der betreffenden Person ein, als eine Form von Gruppenintervention, nötigenfalls mehrmals. Manchmal muss die Gruppe einen derart drastischen Schritt tun, damit der Unruhestifter schließlich einsieht, dass sein Handeln allen schadet, auch ihm selbst.

Die Gruppe muss gemeinsam darauf hinwirken, dass sich keine Fraktionen oder Cliquen bilden, denn eine derartige Spaltung wird die Arbeit der Gruppe ernsthaft behindern, in mehr als einer Hinsicht.

Eine Person während dieses Prozesses loszuwerden sollte nicht ins Auge gefasst werden, denn das würde die ganze Gruppe schwächen. Der Leiter und das Team müssen sich alle Mühe geben, ihr dabei zu helfen, ihr Fehlverhalten wieder gutzumachen. Nur wenn die Person ihre Schuld nicht einräumt oder sich nicht bessern will, darf der Leiter die Beziehungen zu ihr abbrechen. In seinem Mitgefühl weiß Buddha, dass wir unsere ganze Überzeugungskraft als Teammitglieder aufzubieten haben, damit die Gruppe geschlossen zusammenarbeitet. Wenn ein Mitglied versagt, hat auch die Gruppe selbst ein wenig versagt.

Was würde Buddha bei einer Unternehmenskrise tun?

Indem sich regsam und bedacht
Der Weise meistert und bewacht,
Stellt er für sich ein Eiland her,
Das nie wird überschwemmt vom Meer.
Dhammapada 25

Die jüngere Wirtschaftsgeschichte und die aktuellen Schlagzeilen bestätigen die Weisheit von Buddhas Worten. Ein gutes Beispiel ist die Produktmanipulation bei einem Medikament im Jahre 1982. Der Vorstandsvorsitzende der Pharmafirma handelte sofort, ließ seine Produkte aus den Regalen entfernen, mit ungeheurem Kostenaufwand. Das Tempo und die Art seiner Reaktion führten dazu, dass sich das Unternehmen erholte, die Öffentlichkeit ihm wieder Vertrauen schenkte und der Vertrieb anzog. So wird eine Krise effizient gemeistert.

Leider erleben wir, dass viel zu viele Unternehmen eine Krise nicht meistern. Bloß auf Schadensbegrenzung und auf die Manipulation des Publikums aus zu sein ist der falsche Weg. Denken Sie nur an die Umweltverschmutzung durch die Exxon Valdez, die Kernkraftkatastrophe von Tschernobyl, die Umweltvergiftung durch das Chemiewerk in Bhopal, die Diskriminierungsklage gegen Texaco, Skandale und Korruptionsaffären auf verschiedenen Polizeirevieren oder den Sexskandal im höchsten Amt in Amerika. Als diese Krisen auftraten, half kein Manipulieren. Da war Weisheit gefordert, doch nicht vorhanden. Der Schaden war nicht wieder gutzumachen.

Krisen ereignen sich in allen Arten von Organisationen: Militär, Regierung, Gesundheitsfürsorge, Kirche, Wohltätigkeit, freie Berufe usw. Sie können Ihre Organisation zwar nicht vor allen Krisen schützen, aber Sie können dafür sorgen, dass Sie und Ihre Organisation nicht von ihnen vernichtet werden. Stellen Sie sich Buddha als ersten Krisenmanagementberater vor, und beherzigen Sie seinen Rat: Durch Aufmerksamkeit, Bemühen und Beherrschung stehen Sie unerschüttert im Sturm der Krise. Sie sind bereit, wieder zu arbeiten, wenn er abflaut.

Was würde Buddha tun,
um ein Unternehmen zu retten?

Meine übernatürliche Kraft und wunderbare Tätigkeit:
Wasser holen und Holz hacken.
«Aufzeichnung der Worte des Laien P'ang»

In Indien erwartet man von heiligen Menschen, dass sie Wunder tun – Buddha eingeschlossen. Aber Buddha lehrte seine Anhänger, sie sollten in der Öffentlichkeit keine Wunderkräfte offenbaren. Warum das? Weil solche Kräfte die Menschen von dem ablenken, was wirklich zählt. Die Leute gehen ganz im Übernatürlichen auf und vergessen, auf das Natürliche zu achten, die Dinge, die das Rückgrat von Leben – und Arbeiten bilden. Der Laie P'ang zeigt uns, dass der Buddhismus und die Arbeit von nichts anderem handeln als davon, da zu sein und die Dinge ohne Komplikationen und ohne Aufhebens zu erledigen.

Warum scheitern Unternehmen? Dafür gibt es natürlich verschiedene Gründe, aber oft geschieht dies, weil sie den Blick auf das Wesentliche verlieren. Sie erledigen nicht, was sie erledigen müssen. Wenn Sie ein Produkt herstellen, müssen Sie es gut herstellen und dafür den richtigen Preis machen. Das ist nicht so kompliziert. Sie müssen nur Ihre Aufmerksamkeit auf die einfachen Dinge konzentrieren, genau wie der Laie P'ang, der in seiner Waldhütte lebte, Wasser holte und Holz hackte – einfach und wesentlich. Die Kerntätigkeiten eines Unternehmens halten alles in Gang und verhelfen dem Unternehmen zum Erfolg.

Buddha würde ein auf der Kippe stehendes Unternehmen wieder auf Vordermann bringen, indem er sich auf die einfachen Dinge besinnen und dafür sorgen würde, dass es Wasser und Holz gäbe, wenn sie benötigt würden. Selbst an der Spitze eines gigantischen Konzerns muss der Vorstandsvorsitzende daran denken. Nehmen Sie beispielsweise Apple Computer. Ende der neunziger Jahre geriet das Unternehmen ins Schlingern und wurde von vielen Analysten schon für tot erklärt. Das Unternehmen holte seinen visionären Gründer Steve Jobs zurück, um das Ruder herumzureißen. Welche Wunderdinge tat er zuerst? Er reduzierte die Produktpalette und den Etat, um sich auf Designs zu konzentrieren, die funktionierten. Er fand zur Grundstärke von Apple zurück. Offenbart dies Wunderkräfte? Nein, aber es wirkte sich wundersam auf den Aktienkurs aus.

Nur das Wesentliche hält alles in Gang. Nicht unbedingt Kernprodukte, aber Kernprozesse. Gewiss, es muss auch eine Vision geben, doch ohne die gute alte einfache Arbeit bewirken Visionen gar nichts. Wasser holen, Holz hacken.

Dank

Diese Zusammenarbeit war überaus fruchtbar. Wir wissen dies so genau, weil dieses Buch nicht nur auf der Zusammenarbeit von zwei Autoren basiert, sondern auf der zweier Verlage, und ohne uns alle wäre es undenkbar. Gemeinsam genießen wir die Früchte von Kreativität, Spiritualität, gegenseitigem Lernen, neuen Perspektiven und neuen Freundschaften. Für dies alles sind wir zutiefst dankbar.

Wir danken Ray Riegert und Leslie Henriques für die ursprüngliche Idee zu diesem Buch, Steven Schwartz für seine ebenso sanfte wie gründliche redaktionelle Führung, Bryce Willett für sein Internetmarketing sowie Claire Chun und allen anderen guten Menschen bei Ulysses, die dazu beitrugen, dieses Buch zu realisieren. Wir möchten auch den uns gleich gesinnten Geistern bei Berrett-Koehler danken: Steve Piersanti, der uns mit seinen harten Fragen angetrieben hat, Jeevan Sivasubramaniam für seine unermüdliche Unterstützung und Pat Anderson, deren hervorragende Partnerschaftsinstinkte sie dazu bewegt haben, BJ mit Franz zu verbinden (der Pfau begegnet dem Buddha). Und wir danken der Publishers Group West für die frühe Anregung, Buddhas Erkenntnisse auf die Welt der Arbeit zu übertragen. Wir danken euch allen und verneigen uns vor euch.

Persönlich verneigen wir uns vor unseren Familien und unseren Lieben, den Menschen, die uns unterstützen und ermutigen: Nina Ruscio sowie Gloria, Ken und Karen Gallagher.

Schließlich verneigen wir uns vor Buddha wegen seines tiefen Verständnisses und seiner Weisheit und weil er sein Leben der Aufgabe gewidmet hat, uns und der Welt den Weg zu weisen.

Anhang A: Wer war Buddha?

Buddha wurde nicht als Buddha geboren. Er kam als Siddhartha Gautama, Sohn einer Herrscherfamilie, des Shakya-Clans, um 500 v. Chr. in Nordindien zur Welt. Sein Vater ließ für ihn ein opulentes Lustschloss errichten, in der Hoffnung, dass Siddhartha nie weggehen, sondern nach ihm herrschen würde. Jeder Wunsch wurde dem Knaben erfüllt, und man bewahrte ihn davor, Leid, Schmerz oder Enttäuschung zu erfahren. Er führte ein Leben in Überfluss und Genuss. Als er alt genug war, heiratete er und bekam einen Sohn.

Aber diese Lebensweise der Reichen und Berühmten war Siddhartha schließlich leid, sein großer Geist wurde neugierig auf das Leben außerhalb der Palastwände. Der Legende nach erlaubte ihm sein Vater einen Abstecher in die lokale Kleinstadt, befahl aber den Dienern, alles so zu arrangieren, dass Siddhartha auf seiner Reise nichts Unangenehmes oder Hässliches zu Gesicht bekäme. Doch Siddhartha erblickte (zufällig?) die vier Zeichen: einen Alten, einen Kranken, einen Toten und einen Mönch.

Vom Anblick der ersten drei war Siddhartha zutiefst beunruhigt, und er fragte seinen Diener, ob Alter, Krankheit und Tod allen Menschen widerfahren müssten. Als der Diener dies bejahte, erkannte Siddhartha rasch die Sinnlosigkeit seines Luxuslebens. Denn welchen Sinn hat es, sich Vergnügungen hinzugeben, die vergehen müssen?

Die vierte Erscheinung veränderte alles. Als er den wandernden heiligen Mann erblickte, der arm war und nur Lumpen trug, aber einen inneren Reichtum ausstrahlte, erkannte Siddhartha, dass das spirituelle Leben sein Weg war. Eines Nachts floh er aus dem Palast und ließ seine Familie und sein ganzes bisheriges Leben zurück. Er schnitt sich das Haar ab und verschenkte seine kostbaren Kleider. Er suchte einen bekannten Religionslehrer auf und lernte, so viel er konnte, dann zog er zu einem anderen Lehrer weiter, dann zu noch einem. Er praktizierte eine extreme Askese, fastete, meditierte und lebte ein Leben der Entbehrung in Gesellschaft von fünf anderen Asketen.

Nach jahrelanger äußerster Selbstkasteiung hatte er immer noch keine Lösung für das Problem des Leidens gefunden. In seiner größten Not bot ihm ein junges Mädchen Nahrung an, und er nahm sie an. Nun erkannte er, dass seine intensive Askese genauso töricht war wie sein früheres Wohlleben. Er sah ein, dass ein mittlerer Weg besser war, auf dem es Wohlleben wie Entbehrung zu vermeiden galt. Es wird berichtet, dass Siddhartha, indem er auf diesem Weg wandelte, rasch ganz und gar diese Welt und das, was wir darin erleben, verstand. Er setzte sich unter einen Bodhi-Baum und gelobte, sich erst wieder zu rühren, wenn er die Erleuchtung erlangt habe, egal, wie lange es dauern würde. Er begann zu meditieren. Er sah tief hinein in seine Begierden und seine Unwissenheit. Schließlich, als er den Morgenstern erblickte, öffnete sich sein Geist der Wirklichkeit: Kein getrennter Siddhartha hatte je wirklich existiert – seine Begierden und sein Leiden verschwanden mit der Illusion seines Ich. Er war erleuchtet, erwacht, befreit. Siddhartha war Buddha geworden.

In seiner Freiheit begann Buddha, andere zu lehren, frei zu sein. Sein Weg war für alle offen, und er verbrachte den Rest seines langen Lebens damit, uns auf ihm zu führen. Im Kreise seiner ersten Anhänger entwickelte er eine Reihe praktischer Richtlinien, die dazu dienen, auf die Erleuchtung hinzuwirken und in Harmonie mit anderen zu leben. Zusammen beschritten Buddha und seine Anhänger einen spirituellen Pfad, der auch für uns heute noch gangbar ist.

Wir haben bislang von Buddha, dem Menschen, gesprochen, aber Buddha hat noch eine andere Seite. Wenn der Mensch Buddha das Erwachen erlebte, dann können wir als Menschen das Gleiche erfahren. Wenn uns dies gelingt, teilen wir den Buddha-Geist mit allen, die ihn durch Raum und Zeit geteilt haben und teilen. Wir werden Buddha.

Also ist Buddha noch immer lebendig – er lebt in uns, wenn wir so leben, wie er es lehrte. Dies kann auf zweierlei Weise geschehen: auf die innere, indem wir die Welt so erleben wie Buddha, und auf die äußere, indem wir in der Welt leben wie Buddha. Wenn wir sein Denken mit ihm teilen, teilen wir auch sein Wesen. Wenn wir sein Handeln teilen, verwirklichen wir den Dharma. Auf beide Arten werden wir Buddha.

Anhang B: Was hat Buddha gelehrt?

Dieses Buch sagt uns, was Buddha in schwierigen Situationen des modernen Arbeitslebens tun würde. Zu diesem Zweck greift es auf einzelne Stränge seiner Lehre zurück, die nicht nur für die Zeit Buddhas gelten, sondern auch für die unsere. Wir können hier keine Einführung in den ganzen Reichtum der Lehren Buddhas bieten – wir haben nicht einmal den Platz, sie auch nur zu benennen. Wir wollen Ihnen einfach Hinweise geben, die Sie – so hoffen wir – aufgreifen und denen Sie folgen werden.

Gleich nach seiner Erleuchtung hielt Buddha seine erste Predigt. Die Kernlehren des Buddhismus sind in den Lehrreden Buddhas, den Sutras, festgehalten. In ihnen finden wir uns selbst, unser Dilemma und unsere Hoffnung. Fangen wir dort an, wo Buddha anfing.

Mit seiner ersten Predigt setzte Buddha das Rad der Lehre in Bewegung, das die Menschen aus dem endlosen Kreislauf von Leben, Tod und Wiedergeburt zu befreien vermag. Dieses Sutra ist zwar nur ein paar Seiten lang, legt aber die Grundlage für den ganzen späteren Buddhismus. Darin berichtet Buddha einigen ernsthaft der Welt Entsagenden von seinem Erwachen. Es gebe zwei Extreme, in die sie nicht verfallen sollten. Das eine ist das Extrem des Genusses. Damit waren natürlich Buddhas erste 25 Jahre gemeint, die nie zur Glückseligkeit führten. Dann warnt Buddha seine Zuhörer vor dem anderen Extrem: der Selbstverleugnung oder

Selbstfolterung. Was also ist der richtige Weg? Es ist der Mittlere Weg, der Pfad des Buddhismus.

Was geschieht, wenn wir diesem Mittleren Weg folgen? Die Antwort besteht in den Vier Edlen Wahrheiten.

Buddha hat sich oft als Arzt bezeichnet. Die Vier Edlen Wahrheiten sind seine Diagnose und seine Behandlungsmethode. Erstens erklärt er uns, wir seien krank; das ist die erste Edle Wahrheit, die von Dukkha (Leiden, Unzufriedenheit). Zweitens diagnostiziert er die Krankheit – dies ist die zweite Edle Wahrheit, der Ursprung von Dukkha. Drittens erklärt er uns, dass es eine Heilung gebe – dies ist die dritte Edle Wahrheit, das Ende von Dukkha. Schließlich gibt er uns ein Rezept für die Medizin, die unser Leiden beendet – dies ist die vierte Edle Wahrheit, der Achtfache Pfad.

Das Leben ist voller Schmerz, Frustration, Enttäuschung und Leiden. Wir wollen, was wir nicht haben oder behalten können. Wir sehen uns selbst krank werden und andere sterben. Wir altern und werden von denen getrennt, die wir lieben. Keine Kraft kann dies aufhalten, und daher leiden wir. Dies ist die erste Edle Wahrheit des Buddhismus, die Wahrheit von Dukkha.

Solche Erfahrungen bewirken, dass wir leiden, weil wir meinen, wir seien getrennte Wesen, jeder letztlich allein in seiner Wirklichkeit. Weil wir unser Leben an diesem Ichgefühl orientieren, sind wir daran gebunden, ebenso wie an das, was uns Freude bereitet. Wir sind bestrebt, unsere Begierden zu befriedigen, aber das ist ein aussichtsloser Kampf – ständig scheitern wir, und am Ende werden wir für immer scheitern. Dies ist die zweite Edle Wahrheit, die Wahrheit des Ursprungs von Dukkha.

Wer nicht mehr vom Buddhismus kennt als die zweite

Edle Wahrheit, hält Buddhas Lehren für pessimistisch. Wie bedauerlich! Schließlich gibt es vier Wahrheiten, und die dritte ist die großartigste. Buddha ist gerade erleuchtet worden, erwacht zur tieferen und größeren Wirklichkeit des Lebens. Dies ist die große Erkenntnis, die er gehabt hat, und die große Freiheit, die er uns gibt. Nun erklärt er den Entsagenden, dieser ganze schmerzliche Prozess von Geburt und Tod sei auf Unwissenheit und Begehren gegründet. Unser Leiden ergibt sich aus unserer Unwissenheit darüber, wie die Dinge wirklich sind. In unserer Unwissenheit klammern wir uns an das Ich, seine Begierden und das Leiden, das daraus folgt – aber ein solches Ich existiert nicht wirklich, und darum müssen wir nicht leiden. Dies ist die dritte Edle Wahrheit, die Wahrheit vom Ende des Unwissens und von der Befreiung vom Leiden.

Schließlich offenbart uns Buddha die vierte Edle Wahrheit: Wenn wir nämlich dem Achtfachen Pfad folgen, werden wir ans Ende des Unwissens gelangen und vom Leiden befreit. Dieser Pfad wird uns frei machen. Wer ihm konsequent folgt, wird selbst ein Buddha. Dies ist die Lehre von Buddha und die Praxis des Buddhismus, einfach und doch weltverändernd. So sagt Buddha: «Das ist der Achtfache Pfad: rechte Anschauungen, rechte Absicht, rechte Rede, rechtes Handeln, rechter Lebensunterhalt, rechtes Bemühen, rechte Achtsamkeit, rechte Konzentration. Dies, o Mönche, ist der Mittlere Weg, der Einsicht und Weisheit verleiht und zu Ruhe, zu Weitsicht, zu Erleuchtung, zum Nirvana führt.»

Buddha ging diesen Weg und lehrte ihn seine Anhänger. Er ist die erste Kostbarkeit des Buddhismus. Seine Worte wurden der Dharma, der bis zum heutigen Tag existierende Lehrer. Dieser Dharma ist die zweite Kostbarkeit des Buddhismus. Schließlich haben die Anhänger Buddhas versucht, den Dharma zu erlernen und zu verwirklichen, um selbst Buddha zu werden. Die, die sich ernsthaft bemühen, bilden den Sangha, die Gemeinschaft derer, die den Weg zusammen gehen, die dritte Kostbarkeit des Buddhismus.

Wir gehen diesen Weg als Buddhisten, aber auch als Menschen, die einfach in dieser Welt frei und gut sein wollen. Es gibt keinen Grund, sich an Ansichten zu klammern. Der Weg fängt nicht mit Ansichten an und endet nicht mit Konzentration. Der Weg ist vor uns auf einmal da. Der Weg fordert die ganze Zeit zur Praxis auf. Der Weg hat keinen Anfang. Der Weg endet nicht.

Willkommen.

Anhang C: Buddhistische Grundbegriffe

Achtfacher Pfad: Die grundlegende buddhistische Lebensweise (siehe Anhang B); ein Synonym ist «Mittlerer Weg», gleichbedeutend mit «Buddhismus».

Bodhisattva: Wörtlich «erwachendes Wesen»; eine Person, die sich bemüht, die Befreiung mit allen und für alle Lebewesen zu erlangen.

Buddha: Ein erwachendes Wesen; die erste der Drei Kostbarkeiten.

Buddha-Dharma: Die Lehren Buddhas.

Buddha-Natur: Das allen Wesen innewohnende Potenzial, Buddhas zu werden; Synonym von «Buddha-Geist».

Buddha Shakyamuni: Wörtlich «Der Weise der Shakyas, der Erwachte»; Siddhartha Gautama vom Shakya-Clan, der historische Buddha.

Dharma oder Dhamma: Kann mehrere Dinge bedeuten, meist die Wahrheit, das Wort des Buddha, die Lehren Buddhas; die zweite der Drei Kostbarkeiten.

Drei Kostbarkeiten oder Juwele: Buddha, Dharma und Sangha – alles, worauf sich ein Mensch stützen oder wozu er Zuflucht nehmen muss, um das Erwachen zu erlangen.

Dukkha oder Duhkha: Wörtlich «Unzufriedenheit»; das von Begierden und Bindungen verusachte existenzielle Leiden (wir alle haben es, solange wir uns an unser Ich klammern).

Haiku: Japanische Gedichtform, aus siebzehn Silben bestehend, eng mit dem Zen-Buddhismus verbunden.

Karma: Was unser Handeln mit unserem Körper, unserem Reden und unserem Geist bewirkt. Diese Auswirkungen dienen als Ursache künftiger Ereignisse, auch der Wiedergeburten. Gute Handlungen verursachen gute Wiedergeburten, schlechte Handlungen schlechte Wiedergeburten. Dem entspricht das sprichwörtliche «Alles rächt sich früher oder später» oder «Was der Mensch sät, wird er ernten».

Lama: Eine Inkarnation eines tibetischen spirituellen Lehrers oder Guru; die höchste ist der Dalai Lama.

Mahayana: Wörtlich «Das große Fahrzeug»; die Form des Buddhismus, die das Erwachen in allen Wesen zu verwirklichen sucht; vorwiegend in Ostasien verbreitet.

Mitgefühl: Sympathie und Liebe für alle Wesen; eine der beiden buddhistischen Haupttugenden. Mitgefühl führt zu dem Wunsch, alle Wesen von Dukkha zu befreien.

Nirvana oder Nibbana: Befreiung aus Samsara (dem Kreislauf der Wiedergeburten).

Rechter Lebensunterhalt: Einer der acht Faktoren des Achtfachen Pfads; eine Arbeit, die allen Lebewesen kaum oder gar nicht schadet; wir alle sollten uns darum bemühen, das Beste aus unserem Beruf zu machen.

Reines Land: Das Buddha-Land des Buddha Amida, in dem die Erleuchtung leicht zu erlangen ist; Millionen von Buddhisten beten darum, dort wiedergeboren zu werden.

Roshi: Japanischer Zen-Lehrer.

Samsara: Universum der wiederholten Existenz; die Welt, in der wir ständig wiedergeboren werden, sterben müssen, wiedergeboren werden, sterben …

Sangha: Die spirituelle Gemeinschaft, unsere spirituellen Freunde; manchmal sind damit nur Mönche und Nonnen gemeint, manchmal alle, die dem Weg folgen; die dritte der Drei Kostbarkeiten.

Shunyata: Leere; der Glaube, dass alle Dinge von jeder immanenten Existenz leer sind – sie existieren nur in einem unendlichen Netz von Beziehungen.

Sutra oder Sutta: Eine mündliche Lehre des Buddha, schließlich aufgeschrieben und in eine von mehreren Sammlungen aufgenommen.

Tao: Wörtlich «Der Weg»; ein zentraler Begriff der ostasiatischen Religionen, auch des Buddhismus. Taoisten sind die Anhänger des Taoismus, der auf dieser Vorstellung basierenden Religion.

Theravada: Wörtlich «Der Weg der Älteren»; die Form des Buddhismus, die sich auf die Gemeinschaft von Mönchen und Nonnen gründet, die nach dem Erwachen streben; vorherrschend in Süd- und Südostasien.

Vier Edle Wahrheiten: Buddhas erste Lehren nach der Erleuchtung: 1. Wir alle leiden und sind unzufrieden; 2. dieses

Leiden und diese Unzufriedenheit werden durch Unwissen, Begierde und Bindung verursacht; 3. dieses Leiden und diese Unzufriedenheit können enden; 4. Leiden und Unzufriedenheit werden beendet, wenn wir dem buddhistischen Weg folgen (siehe Anhang B).

Weisheit: Ein Verständnis der Dinge, das über das intellektuelle Wissen hinausgeht; eine der beiden buddhistischen Haupttugenden. Weisheit entsteht, wenn wir die Welt und uns selbst so sehen, wie sie und wir wirklich sind (oder nicht sind).

Zen-Buddhismus: Wörtlich «Meditations-Buddhismus»; die ostasiatische buddhistische Tradition, die das Bemühen betont, unser ursprüngliches Wesen zu verwirklichen; heißt in China Chan, in Korea Son, in Vietnam Tien und in Japan Zen.

Anhang D: Lektürevorschläge

Aitken Roshi, Robert: *Zen als Lebenspraxis.*
  München 1997.
Avatamsaka-Sutra: *Alles ist reiner Geist.*
  Bern, München, Wien 1997.
Boldt, Laurence G.: *Das Tao der Fülle.* Sulzberg 2001.
Brück, Michael von: *Buddhismus.* Gütersloh 1998.
Chang, Garma C.: *Die buddhistische Lehre von der
  Ganzheit des Seins.* Bern, München, Wien 1989.
Conze, Edward: *Eine kurze Geschichte des Buddhismus.*
  Frankfurt a. M. 1986.
Dalai Lama XIV: *Die Lehre des Buddha vom abhängigen
  Entstehen.* Hamburg 1996.
– *Einführung in den Buddhismus.* Freiburg [10]1998.
– *Der Mensch der Zukunft – Meine Vision.*
  Bern, München, Wien 1998.
– *Das Auge der Weisheit.* Bern, München, Wien 1991.
– *Der Friede beginnt in dir.* Bern, München, Wien 1994.
– *In die Herzen ein Feuer.* Bern, München, Wien 1996.
– *Mit dem Herzen denken.* Bern, München, Wien 1997.
Goldstein, Joseph/Kornfield, Jack: *Einsicht durch
  Meditation.* Bern, München, Wien [3]1991.
Govinda, Lama Anagarika: *Der Weg der weißen Wolken.*
  Bern, München, Wien 1975.
Hagen, Steve: *Buddhismus kurz und bündig.*
  München 2000.

Kalu Rinpoche: *Den Pfad des Buddha gehen.*
    Bern, München, Wien 1991.
– *Der Dharma.* Mechernich 1993.
Kapleau, Philip: *Die drei Pfeiler des Zen.*
    Bern, München, Wien 1979 u. ö.
Karta, Lama: *Buddhismus.* Bern, München, Wien 1999.
Khema, Ayya: *Buddha ohne Geheimnis.* Berlin [7]1996.
– *Die Ewigkeit ist jetzt.* Bern, München, Wien 1998.
– *Die Früchte des spirituellen Lebens.*
    Bern, München, Wien 1999.
– *Die Suche nach dem Selbst.* Bern, München, Wien 2000.
Khyentse Rinpoche, Dilgo: *Die sieben tibetischen Geistesübungen.*
    Bern, München, Wien 1998.
Lankavatara-Sutra: *Die makellose Wahrheit erschauen.*
    Bern, München, Wien 1996.
Linji: *Das Denken ist ein wilder Affe.*
    Bern, München, Wien 1996.
Milindapanha: *Ein historisches Gipfeltreffen im religiösen
    Weltgespräch.* Bern, München, Wien 1996.
Notz, Klaus J. (Hrsg.): *Lexikon des Buddhismus.*
    Freiburg 1998.
Nyanatiloka: *Grundlagen des Buddhismus.*
    Oy-Mittelberg 1995.
Rabten, Geshe: *Buddhistische Philosophie und Meditation.*
    Hamburg [2]1994.
Rahula, Walpola: *Was der Buddha lehrt.* Bern o. J.
Richmond, Lewis: *Arbeit und Spiritualität.* München 2000.
Schloegl, Irmgard: *Was ist Zen?*
    Bern, München, Wien 1995.
Sogyal Rinpoche: *Das tibetische Buch vom Leben und vom
    Sterben.* Bern, München, Wien 1993.

Suzuki, Daisetz T.: *Leben aus Zen.*
Bern, München, Wien 1987.
– *Wesen und Sinn des Buddhismus.* Freiburg [5]1998.
Thich Nhat Hanh: *Das Wunder der Achtsamkeit.*
Berlin [8]1998.
– *Die fünf Pfeiler der Weisheit.*
Bern, München, Wien 1995.
Trungpa, Chögyam: *Das Buch vom meditativen Leben.*
Reinbek 1991.
– *Spirituellen Materialismus durchschneiden.*
Berlin [3]1996.

Im Internet:
• www.accesstoinsight.org
  (Quellentexte; Sutren)
• www.dharmanet.org
  (Einführung in den Buddhismus und Links ins ganze
  buddhistische Cyberspace)